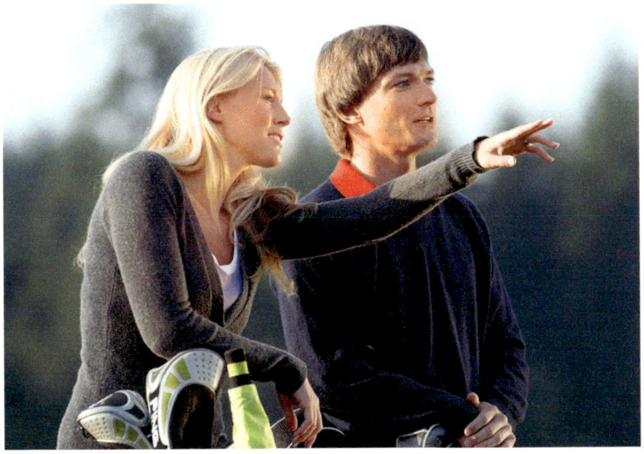

Bayerischer Landwirtschaftsverlag

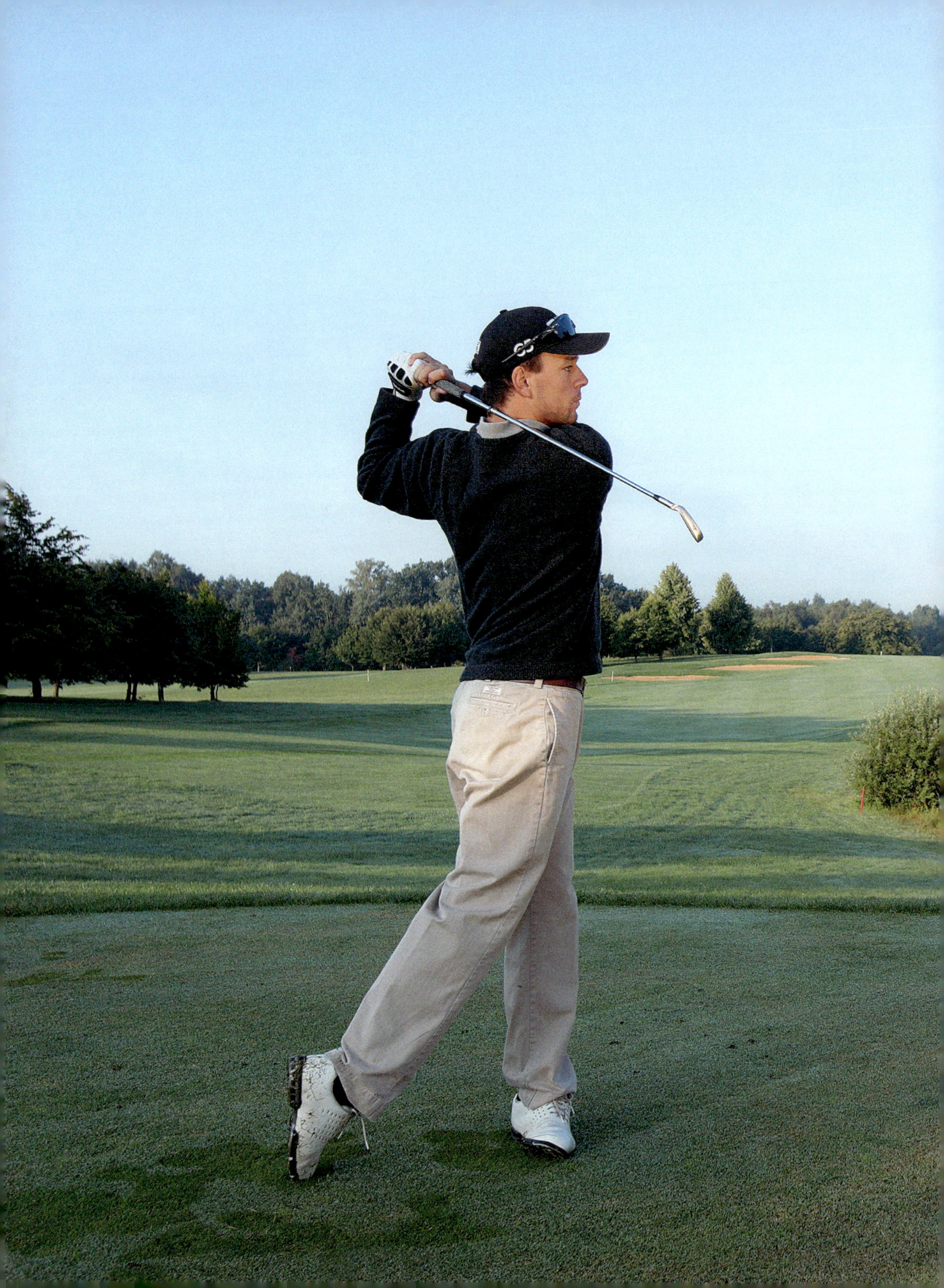

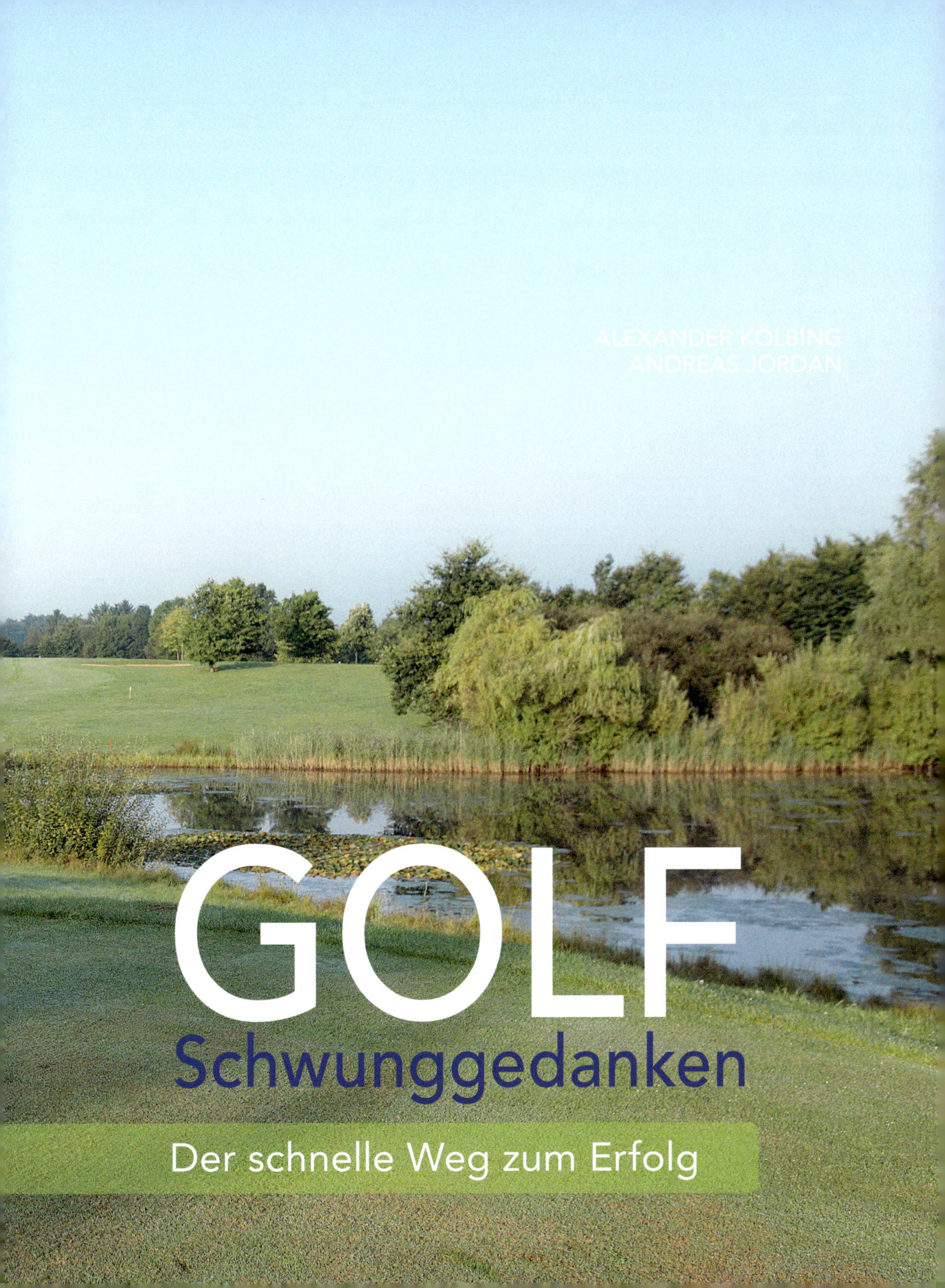

ALEXANDER KÖLBING
ANDREAS JORDAN

GOLF
Schwunggedanken

Der schnelle Weg zum Erfolg

Was Sie in diesem Buch finden

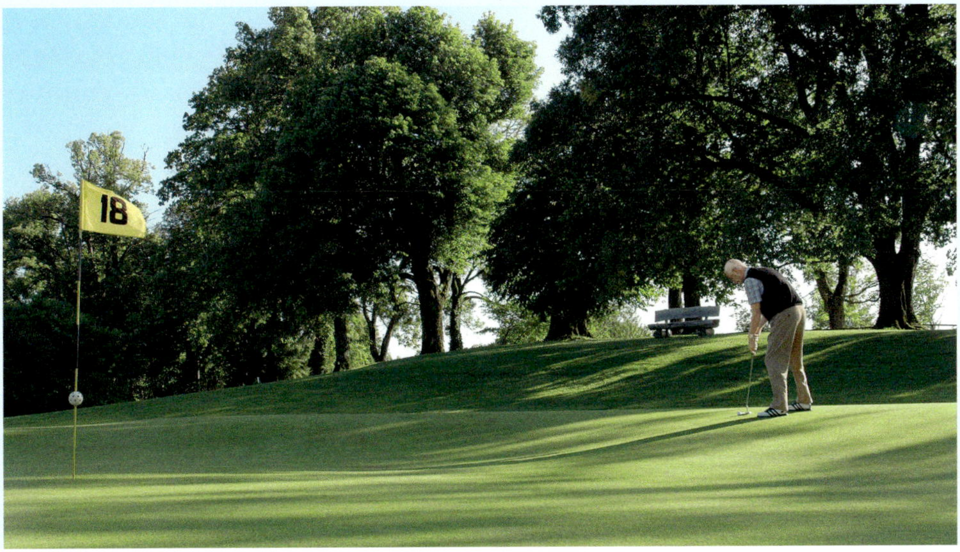
18

Schwunggedanken – die Hilfe zur Selbsthilfe

»Machen wir uns doch nichts vor. Das Spiel ist zu 95 Prozent kopfgesteuert. Wenn jemand lausig Golf spielt, braucht er keinen Golflehrer, sondern einen Psychiater.« – Tom Murphy

Ob der prominente amerikanische Entertainer mit seinem Prozentsatz richtig liegt, sei dahingestellt. Dass der Kopf eine maßgebliche, wenn nicht gar entscheidende Rolle spielt, ist unbestritten. Damit der Körper macht, was er soll, muss er vom Gehirn zielführende Befehle empfangen.

Der Gang zum Psychiater indes erübrigt sich, denn Lesen – und gemeint ist natürlich das, was wir für Ihre zukünftige Spielkunst zu Papier gebracht haben – macht Seelenmassagen überflüssig.

Der ideale Schwung

Wir alle haben in unserer Vorstellung von einem Golfschwung immer eine fließende Bewegung à la Ernie Els vor Augen. Zu bedenken ist dabei allerdings, dass ein Schwung, so elegant und wie aus einem Guss er auch erscheint, erst dann seinen Zweck erfüllt, wenn der Ball tatsächlich auch sein Ziel erreicht. Das aber tut er verlässlich nur dann, wenn die für das richtige Treffen des Balls entscheidenden Körperhaltungen und Bewegungselemente korrekt ausgeführt werden. In der Fachsprache ist dann von »key positions« die Rede.
Nun ist es ein Charakteristikum dieses verflixten Spiels, dass die ideale Schwungbewegung, wenn überhaupt, dann nur höchst selten an einem Spieler auszumachen ist. Wir verstehen darunter nichts weiter als die perfekte Umsetzung physikalischer Bewegungsgesetze in unsere Biomechanik. Ein Unterfangen, das die lange Geschichte des Golfsports begleitet wie die Suche nach dem Heiligen Gral. Jeder Spieler, gleich welchen Kalibers, doktert – wenn er sein Spiel ernst nimmt – fortwährend an sich herum. Einmal sind es die überaktiven Beine, die es zu zähmen gilt, dann wieder ein rechter Ellenbogen, der im Rückschwung »wegfliegt« und dem deshalb beigebracht werden muss, dass er gefälligst nach unten zu zeigen hat, und so weiter, und so fort. Verzweiflung ist ein allgegenwärtiges Moment und immer wieder richten sich die Blicke hilfesuchend gen Himmel.

Keine Fremdautoritäten

Schwunggedanken sind deshalb ein so probates Mittel der Hilfe zur Selbsthilfe, weil Sie, lieber Leser, zu Ihrem eigenen Befehlsgeber werden. Sie ganz allein bestimmen, wie Sie in dieser oder jener Situation am besten vorgehen. Aber auch das müssen Sie wissen: Wenn Sie auf den »Geheimtipp«, den einen lang ersehnten Hinweis hoffen, bei dessen Beachtung sich schlagartig alle Golferträume erfüllen, müssen wir Sie enttäuschen. Wie langweilig wäre das Spiel, wenn es sich uns allen widerstandslos erschlösse!

Keine Schnellschüsse

Wir halten es mit dem ehemaligen Ryder-Cup-Kapitän Mark James. Der nämlich rät zu äußerster Vorsicht im Hinblick auf Golftipps nach dem Schnellschussverfahren. »Wirklich gut ist man nur selbst«, so seine Überzeugung. Im Vertrauen auf Fremdautoritäten hingegen wären eher Missverständnis und Fehlinterpretation die Regel. Als Erstes muss man daher Schwunggedanken finden, die einem zusagen. Dann muss man, zweitens, mit ihnen experimentieren, um herauszufinden, ob sie tatsächlich das halten, was Sie sich von ihnen versprechen. Und drittens ganz wichtig: Ihre Anwendung

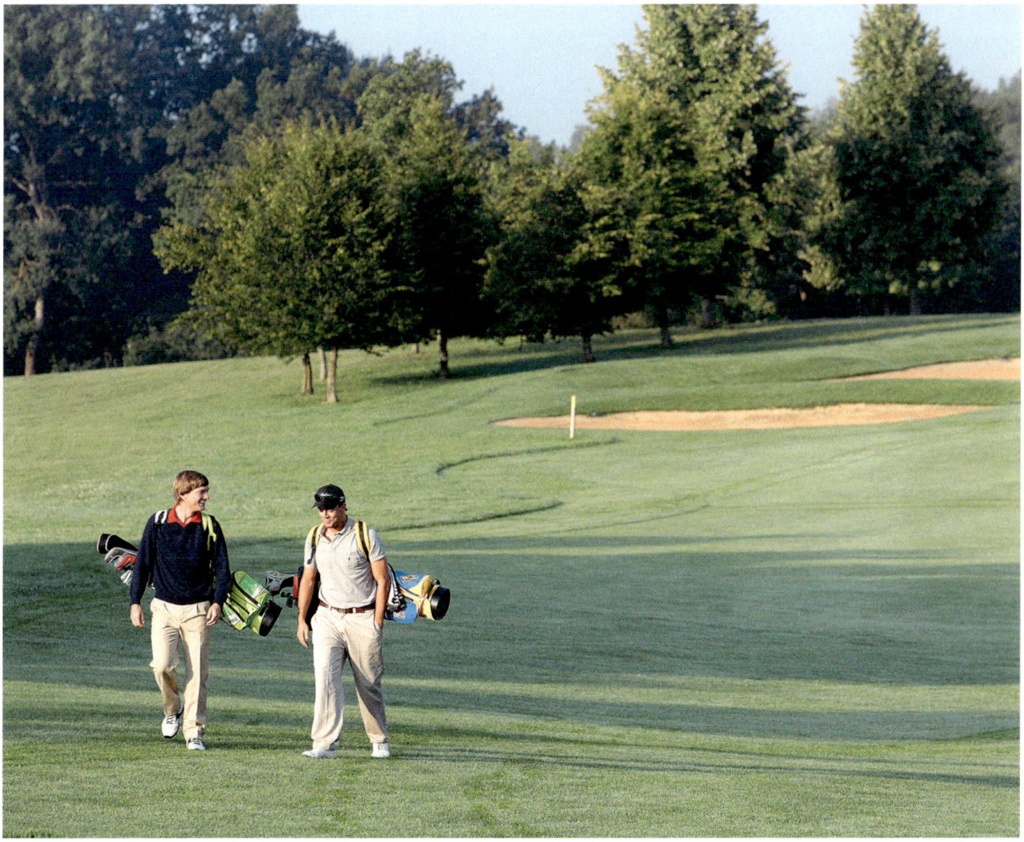

Die Zeit zwischen den Schlägen sollte bewusst zur Entspannung genutzt werden (siehe dazu auch »Setz die Stoppuhr ein!«, Seite 96 f.).

in einer kritischen Phase eines Turniers muss sich als erfolgreich herausstellen. Schwunggedanken als gewinnbringende Schnellschüsse zu verstehen wird den Möglichkeiten, die in ihnen stecken, nur in den seltensten Fällen gerecht.

Ein Tipp, der beispielsweise Ihrem Freund oder Clubkollegen hilft, kann für Sie selbst verheerend sein. Vielleicht gar nicht in technischer Hinsicht. Aber er könnte auf eine Weise formuliert sein, die nicht die Ihre ist und auf die Ihr Körper und Geist ganz anders reagieren. Wir empfehlen Ihnen deshalb, nur das zu verfolgen, wovon Sie sich ein klares Bild machen können. Sportpsychologische Untersuchungen lassen keinen Zweifel daran, dass Sie umso besser schwingen, je klarer Sie die notwendigen Bewegungselemente vor Ihrem geistigen Auge ablaufen lassen können.

Sprachliche Bilder

Unsere Schwunggedanken liefern Ihnen ein sprachliches Bindeglied zwischen Bewegungsgesetzen und Biomechanik. Komplexe Bewegungselemente werden auf den Punkt gebracht. Anstelle ausschweifender Erläuterung bieten sie sprachliche Bilder. Und da wir nicht alle in der gleichen Art und Weise auf bestimmte Metaphern »anspringen«, haben wir für die zentralen Schwungelemente (die sogenannten »basics«) eine Auswahl an Schwunggedanken formuliert. Allen gemeinsam ist das Ziel einer klaren Vorstellung der Schwungbewegung, auf die Sie sich auch dann verlassen können, wenn es auf der Runde darauf ankommt. Formuliert sind sie aus der Sicht des Rechtshänders. Linkshänder bitten wir gedanklich zu spiegeln.

Zudem befassen sich unsere Gedanken über den Schwung auch mit der allgegenwärtigen Frage, wie die erlernte Technik in gute Scores verwandelt werden kann. Der Umgang mit sich selbst vor, während und nach der Runde ist hier das entscheidende Stichwort. Wir haben ihm ein eigenes Kapitel gewidmet.

John Updike sagt in seinen »Golfträumen«: »Der ideale Schwunggedanke befreit den golfenden Körper von seinen inneren Hemmungen und verleiht ihm die Fähigkeit, sich spontan, entspannt und fließend zu bewegen ... Durch Fokussieren unserer Aufmerksamkeit auf ein Detail verengen wir die riesige Arena des Irrens, die uns auf allen Seiten umgibt, auf einen handhabbaren, körperkompatiblen Radius. Der Spielstand, der Einsatz, die Biere im Clubhaus, all das sollte durch Schwunggedanken von uns ferngehalten werden – was schon für sich ein Schwunggedanke ist.«

Einen verlässlichen Golfschwung zu entwickeln setzt – so jedenfalls sagen uns die Stimmen aus der Fachwelt – vor allem voraus, mit »key positions« richtig umzugehen. Und die sich anschließende Empfehlung ist zunächst herauszufinden, an welchem Schwungsegment es hapert, um

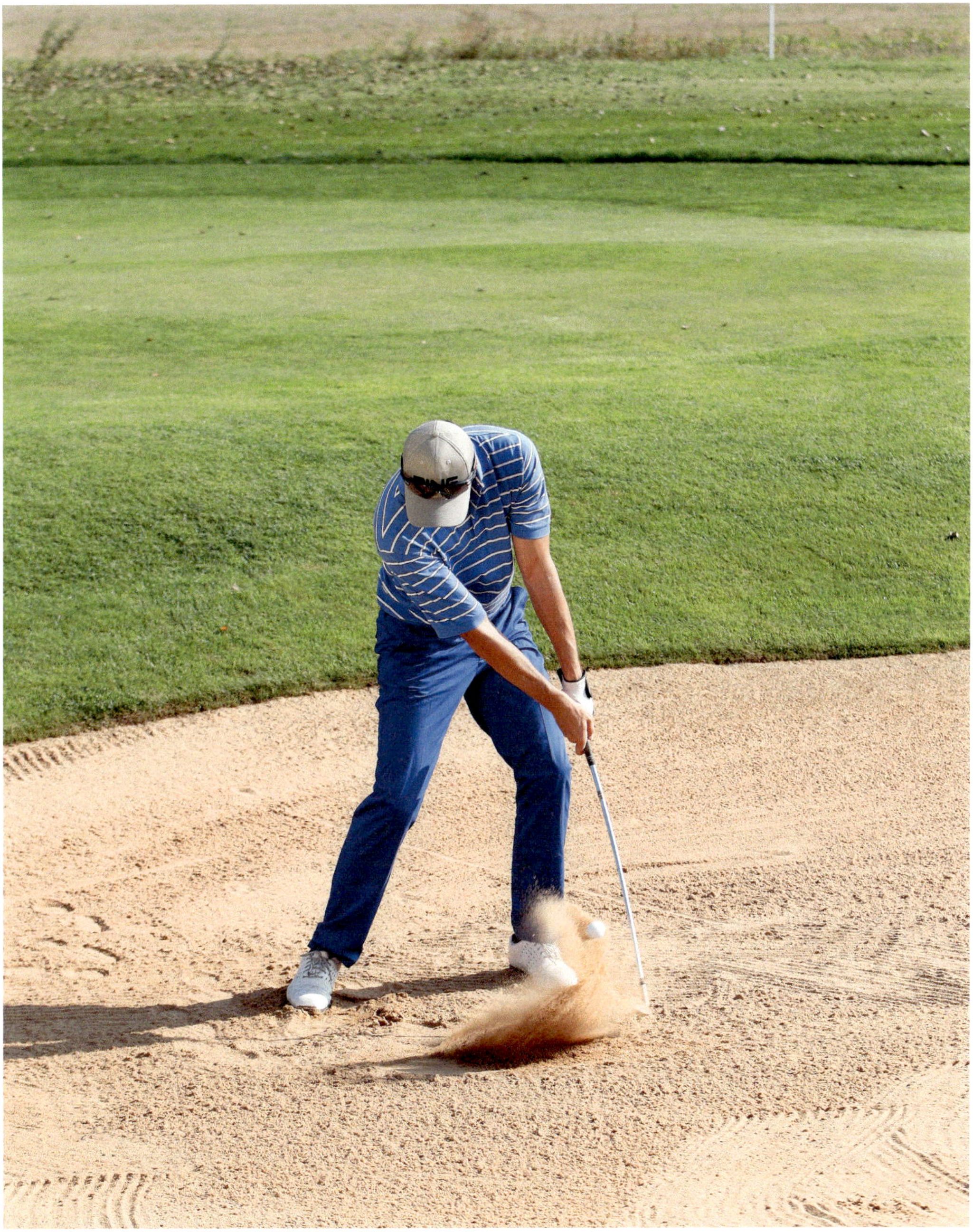

Immer daran denken! Im Grünbunker darf der Ball nicht direkt getroffen werden. Er wird auf einem Sandpolster sozusagen herausgeschnitten.

dann auf der Übungswiese mit entsprechenden Schwunggedanken zu experimentieren. Ist dann der richtige gefunden, wird so lange mit ihm geübt, bis man sicher sein kann, dass er zum verlässlichen Begleiter auf der Runde wird. Halten Sie sich dabei an den geradezu kategorischen Imperativ von Jack Nicklaus: »Immer nur ein Schwunggedanke.« Nur eindeutige Signale kann der Körper optimal umsetzen.

Und auch das sollten Sie bedenken: Der hilfreichste Schwunggedanke verpufft in seiner Wirkung, wenn es Ihnen nicht gelingt, sich voll auf dieses innere Kommando zu konzentrieren. Sie müssen einem gewählten Schwunggedanken sowohl Ihre ganze Konzentration als auch Ihr ganzes Vertrauen schenken, damit er das bewirken kann, was Sie sich von ihm erhoffen.

Lebhafte Vorstellung

Schwunggedanken ermöglichen effizientes Trockentraining. Sie begleiten einen überall hin. Im Büro oder im Flugzeug beispielsweise können Sie einen bestimmten abrufen, und bei einiger Konzentration wird es Ihnen auch gelingen, genau jene Bewegung in sich zu fühlen, die unter seinem Kommando stattgefunden hat. Neuere Forschungsergebnisse beweisen, dass, wenn Sie sich eine sportliche Aktivität lebhaft vorstellen, Ihre Muskelrezeptoren ganz gezielt aktiv werden. Gerade so, als würden Sie die Bewegung tatsächlich ausführen. Der Körper nämlich macht keinen Unterschied zwischen der Wirklichkeit und etwas lebhaft Vorgestelltem. Ein solches Vorstellungs- und Spürgolf dürfte mit zum Effizientesten zählen, was Sie für Ihr Spiel tun können.

Schwunggedanken – immer schon Spielbegleiter

Schwunggedanken gibt es in unübersehbarer Zahl. Seit die Menschen dieser wunderbaren Beschäftigung nachgehen, gibt es Empfehlungen, die dem jeweils aktuellen Wissensstand Rechnung tragen. An den Schwunggedanken lässt sich auch ablesen, wie tiefgründig immer schon über das Spiel nachgedacht wurde und welch pädagogisches Sendungsbewusstsein guten Spielern und der schreibenden Zunft von Anfang an zu eigen war. Immer wenn tiefgreifende neue Erkenntnisse die Runde machten, kam es zu einer weiteren Flut an Empfehlungen und Ratschlägen. Da waren zum Beispiel die Zeitlupenkameras, die die gesamte Golfbewegung optisch weitgehend entheimlichten. Kein Körperteil und keine Muskelgruppe, die daraufhin nicht mit Verhaltenstipps bedacht wurden. Ein weiteres Kapitel wurde aufgeschlagen, als Homer Kelly mit seiner »golfing machine« (schwierig zu lesen und zu verstehen) die Physik und ihre Bewegungsgesetze als strenges Maß für jede Golfaktivität postulierte. Auch daraus entstand eine Vielzahl neuer Schwunggedanken. Das vorläufig letzte Kapitel schlägt derzeit die Hirnforschung auf, die, so lässt sich jetzt schon erahnen, die mentale Seite des Spiels noch weiter in ihrer Bedeutung anwachsen lassen wird. Vergessen dürfen wir auch nicht, dass sich das Spiel mit verbesserten Schlägern und Bällen ständig fortentwickelt, was nolens volens neue Schwunggedanken erfordert.

Wie gesagt: Für jede Spielsituation und für jede technische Aufgabe gibt es Schwunggedanken. Wir wagen hier einen bescheidenen Anfang, nicht zuletzt auch, um herauszufinden, wie solche Empfehlungen von der geneigten Leserschaft aufgenommen werden. Es bleibt weiteren Veröffentlichungen vorbehalten, Ihnen zusätzliche Einblicke in unsere umfangreiche Sammlung zu ermöglichen.

Der Titel »Schwunggedanken« erlaubt breiten schriftstellerischen Raum. Unser Fokus richtet sich naturgemäß auf die Empfehlung nur eines Gedankens für eine bestimmte Situation. Daneben aber eröffnet sich die hoffentlich hilfreiche Gelegenheit, weiterführende Gedanken über den Golfschwung an sich oder interessante Aspekte des Spiels für Sie aufzubereiten.

Alexander Kölbing & Andreas Jordan

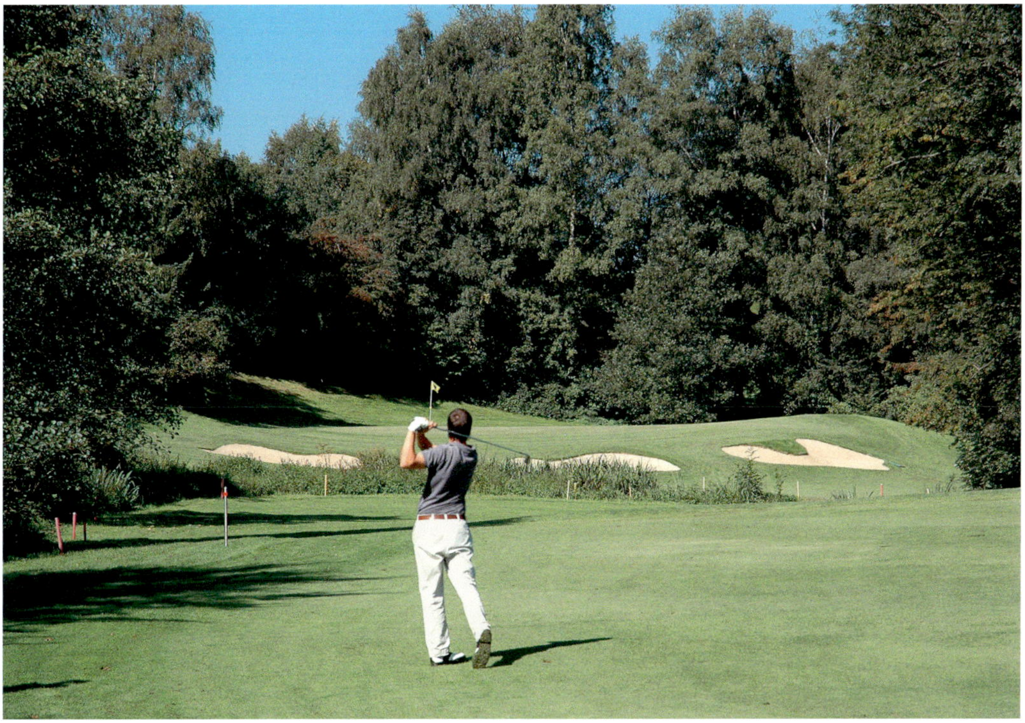

In Hubbelrath auf der 12. Spielbahn – einem Par 5

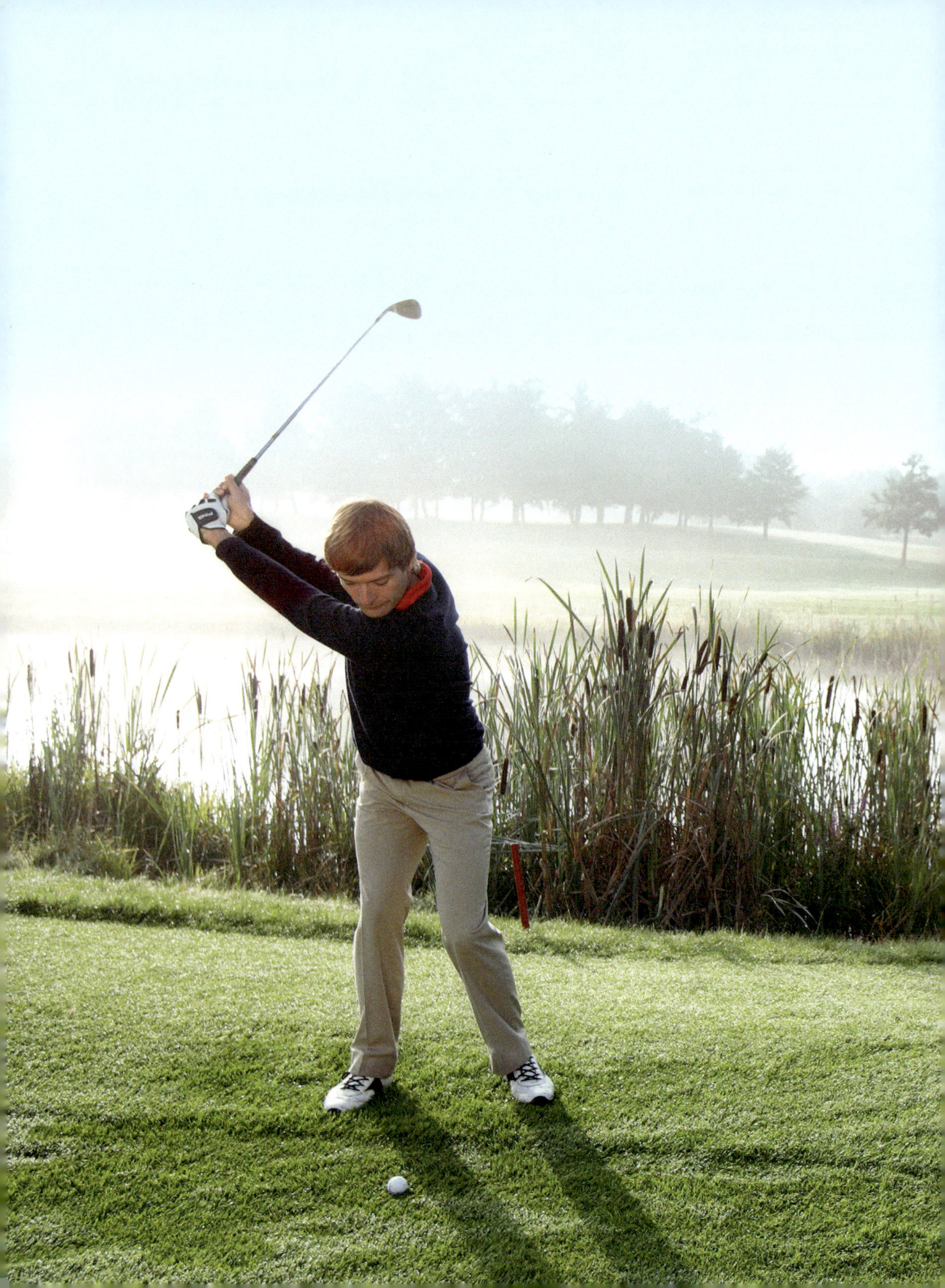

Mit Schwunggedanken wird alles leichter

Gutes Golf in herrlicher Natur zu spielen – eine Beglückung, die unsere Seelenstimmung über Wochen hochhalten kann. Zielführende Schwunggedanken werden Sie dabei unterstützen.

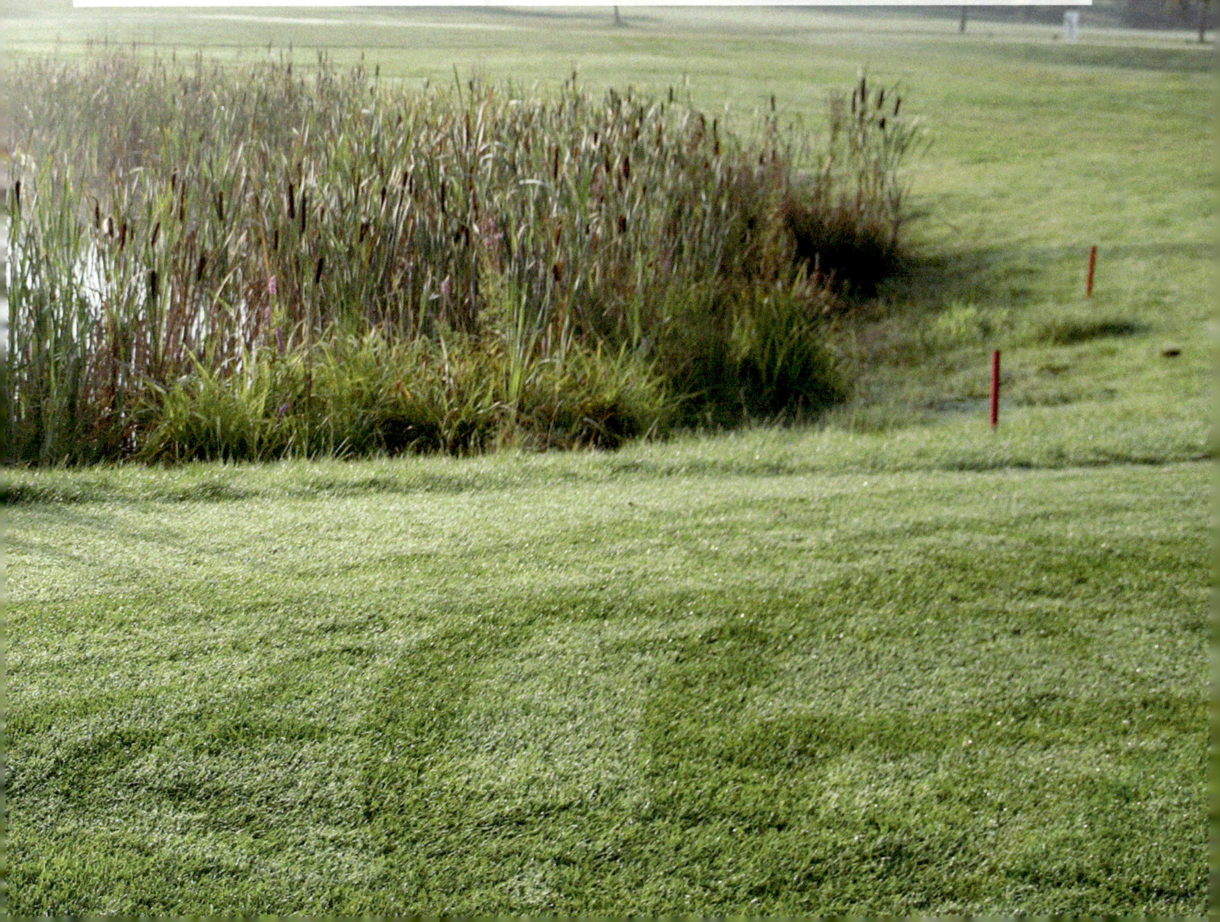

»Nichts als Rhythmus«

Der Spanier Miguel Angel Jiménez, eine namhafte Größe im Weltgolf und über Jahre hinweg fester Bestandteil im europäischen Ryder-Cup-Team, ist sicherlich einer der komplettesten Spieler überhaupt. Überragend sein kurzes Spiel, seine Drives zwar nicht die allerlängsten, dafür aber nur seltenes Abkommen vom Fairway, und seine Annäherungsschläge vielfach einfach tödlich. Er wurde unlängst gefragt, wie und was er trainiere. Ob er nicht stundenlang im Bunker stehen müsse, um einen solch hohen Prozentsatz an »sand saves« zuwege zu bringen? Ob sein ausgezeichnetes Putten nicht eine Tag-und-Nacht-Anwesenheit auf dem Putting Grün erfordere? Seine Antwort war überraschend. Nichts von alledem mache er. Für alle seine Schläge habe er nur einen Schwunggedanken, und der sei **Rhythmus, Rhythmus und nochmals Rhythmus**. Wenn er seinen Rhythmus, gleich ob beim Putten, mit einem Eisen 7 oder dem Driver in der Hand, gefunden habe, erübrige sich jedes weitere Training, weil ihm dann so gut wie alles gelinge, was er sich vorgenommen habe. Was denn einen guten Rhythmus ausmache, wurde er gefragt. Entscheidend, so seine Antwort, sei das Zusammenwirken von Armen und dem Körper in absoluter Harmonie. Er lege dabei besonderes Augenmerk auf die großen Hebel (Hüften, Schultern). Und diese Harmonie, so seine Erfahrung, könne am ehesten dadurch bewirkt werden, dass bestimmte Bewegungselemente betont langsam erfolgen. Wobei für ihn die Schlüsselstelle für guten Rhythmus der Beginn der Schwungbewegung ist. Gleich ob mit dem Putter oder dem Sand Wedge in der Hand. Beim Driver sei es bei ihm so, dass alle Konzentration darauf gerichtet ist, langsam zu beginnen und vor allem mit einem weiten Schwungbogen. Wenn ihm dies gelinge, sagt er, sei die entscheidende Voraussetzung für guten Rhythmus gelegt und gute Schläge ergäben sich dann geradezu folgerichtig.

Rhythmus und Tempo

Sie fragen jetzt vielleicht, was dann der Unterschied zwischen Rhythmus und Tempo ist und wie beides fürs Golf zu definieren sei? Unter Tempo versteht man die Bewegungsgeschwindigkeit, mit der ein Schwung abläuft. Beim gekonnten, golfspezifischen Rhythmus gelingt es einem Spieler, alle Körperteile sich in der richtigen Reihenfolge bewegen zu lassen. Sich einen guten Rhythmus als Schwunggedanken vorzunehmen, könnte man daher auch als eine Art Universaltraining ansehen. Nicht mehr nur Einzelteilen des Körpers wird Aufmerksamkeit geschenkt, sondern eben der Gesamtbewegung. Das Denken und Analysieren tritt in den Hintergrund, deutlich mehr Raum wird dem Gefühl gegeben.

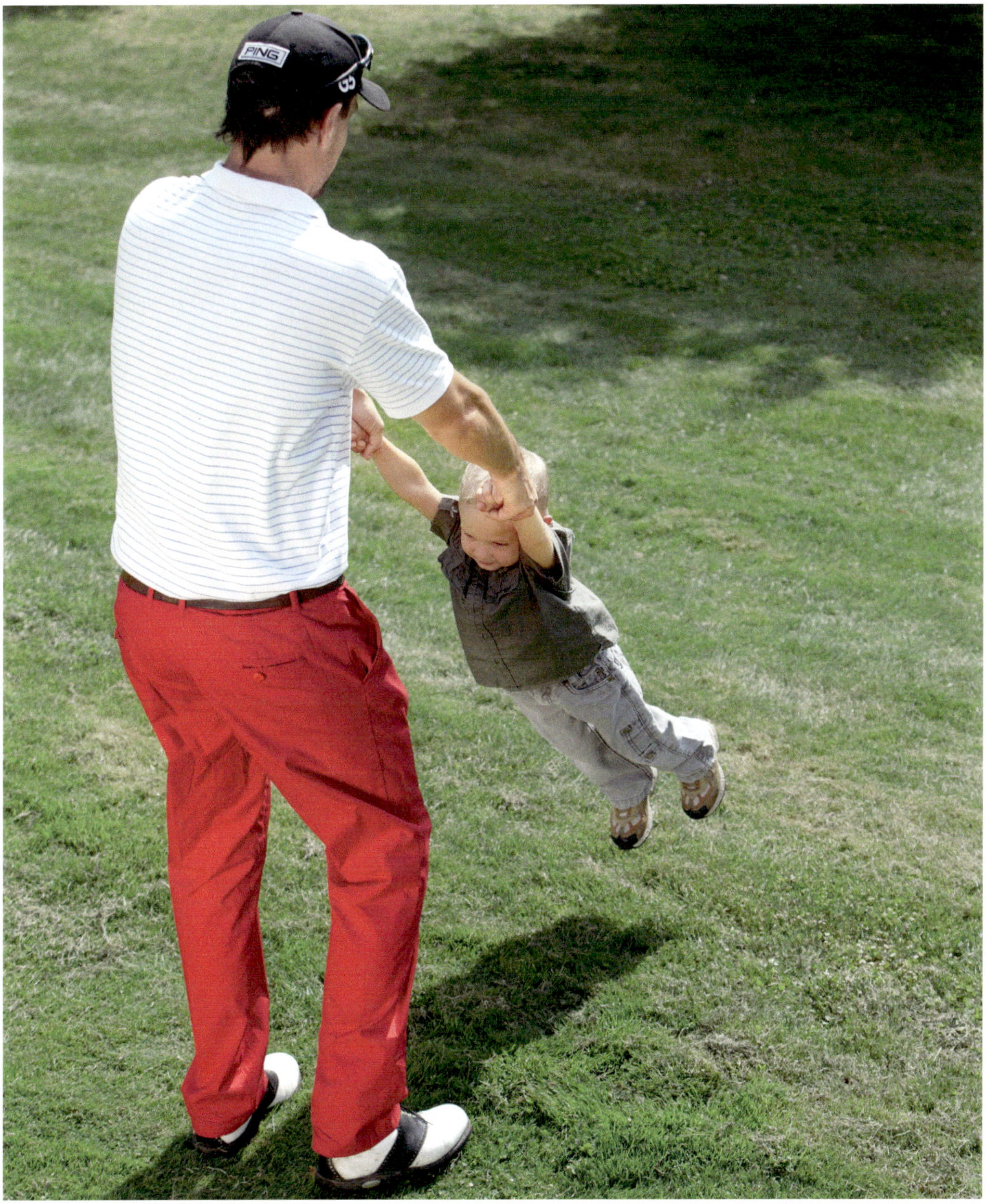

Guter Rhythmus ist dadurch gekennzeichnet, dass sich Ihr Körper, Ihre Hände und auch der Schlägerkopf mit identischer Geschwindigkeit bewegen. Ein gutes Körpergefühl dafür stellt sich ein, wenn Sie ein Kind, wie das hier geschieht, um sich herumdrehen. Sie spüren dabei die so viel zitierte synchrone Bewegung des gesamten Körpers.

»Probeschwünge – aber richtig«

Zu den wohl auffälligsten Probeschwüngen zählen die des Spaniers José Maria Olazábal. Bis zu zehn Mal peitscht er die Luft, bevor er seinen Ball endlich anspricht. Zeitverschwendung und vor allem Kraftvergeudung halten Kritiker solchem Tun entgegen. Wir sagen: mitnichten!

Probeschwünge dienen dazu, die Golfmuskeln in Bewegung zu bringen, das viel zitierte »muscle memory« zu aktivieren. Gute Spieler wollen den Schlag, den sie gleich machen werden, sozusagen vorwegnehmen und zugleich versuchen, ein Gefühl dafür zu bekommen, wie sich das Ganze anfühlen sollte.

In unserer Bildreihe auf der nächsten Seite sehen Sie einen Probeschwung, der in den entscheidenden Positionen mit jenen während des tatsächlichen Schlags annähernd übereinstimmt. Schlampige, nicht zielgerichtete Bewegungen sind eher kontraproduktiv, weil sie unsere Muskeln auf falsche Fährten führen.

Also: keine Irgendwie-Probeschwünge, keine Bewegungen, die zwar lässig rüberkommen, die aber nichts Halbes und geschweige denn etwas Ganzes sind.

Machen Sie Ihre Probeschwünge stets so, dass Sie danach sagen können, so hätte ich jetzt gerne den Ball getroffen. Ihr Körper entpuppt sich plötzlich als ein ungeahnter Helfer in der für uns alle so schwierigen Situation auf dem Platz.

Fließend und langsam

Ist ja schon einen zielführenden Probeschwung zu machen ein ernst zu nehmender Schwunggedanke, so könnte mit einem zusätzlichen auch der Probeschwung unter ein bestimmtes Diktat gestellt werden.

Hier empfehlen wir, vor allem auf das Schwungtempo zu achten. »Fließend und langsam« könnte ein Kommando lauten. Ihr Körper kann sich dann besonders gut auf Ihre Wünsche einstellen.

Sie werden zu Recht einwenden, dass bei vielen Spitzenspielern nur selten Probeschwünge im oben genannten Sinne zu sehen sind, allenfalls halbe, vielfach nicht mehr als eine Art Lockerungsübung.

Spitzenspieler sagen, ihr voller Schwung folge einem derart gefestigten Ablauf, dass volle Probeschwünge nicht nötig seien. Wichtig hingegen sei für sie, einer ganz bestimmten Routine zu folgen.

PS: Glauben Sie uns: Auch im kurzen Spiel sind zielgerichtete Probeschwünge ein kategorischer Imperativ.

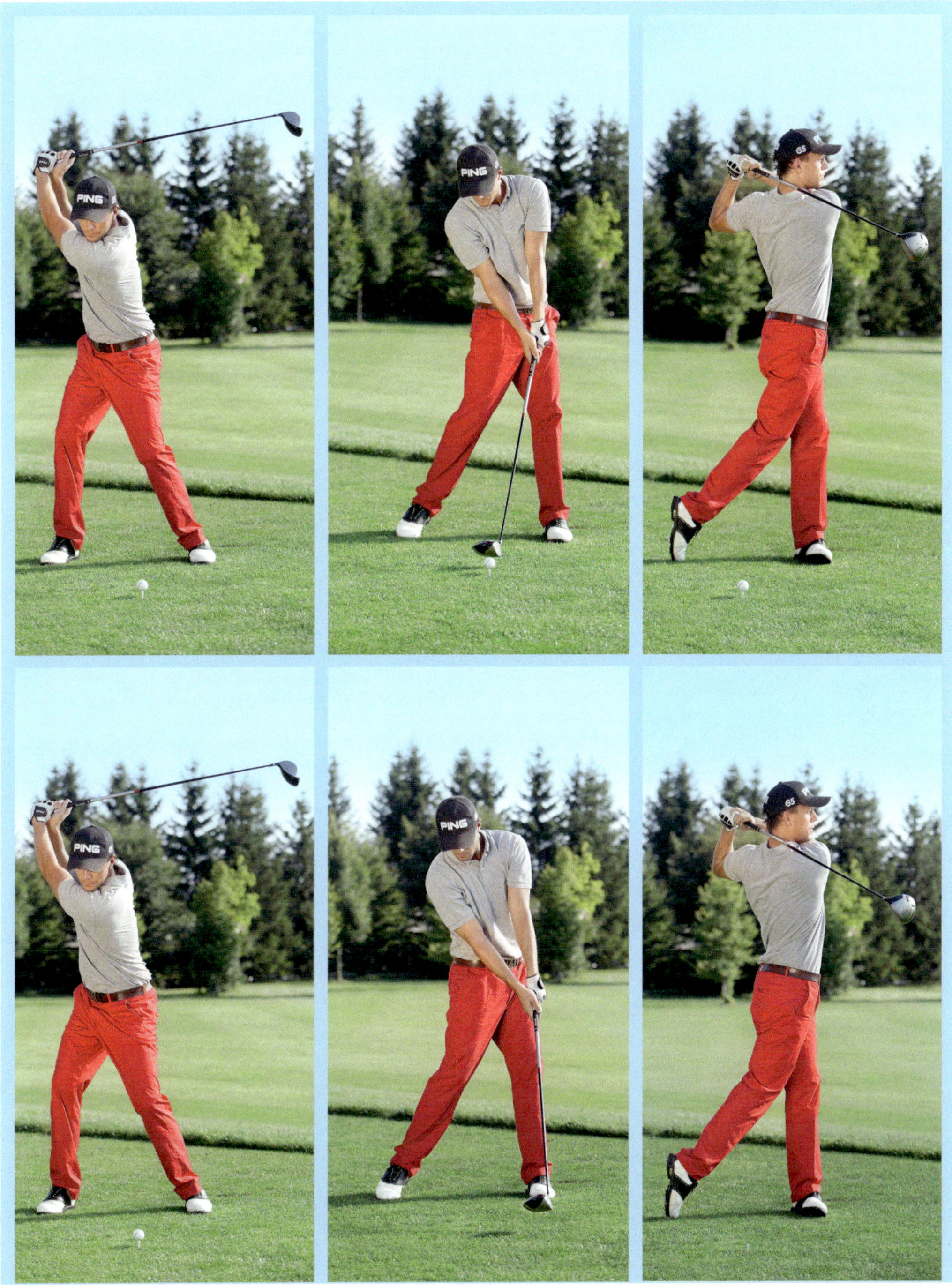
PING

»Trinken«

»*In guter körperlicher Verfassung zu sein hat enormen Einfluss auf das mentale Leistungsvermögen.*« – Greg Norman

(Das Folgende ist nicht unbedingt als konkreter Schwunggedanke gedacht. Ausreichend zu trinken hält Sie geistig wach und damit in der Lage, sich an die situationsgerechten Schwunggedanken zu erinnern.)

Situation

»Bis zum 13. Loch habe ich prima, ja geradezu sensationell gespielt. 33 Punkte! Ich hatte die Runde meines Lebens vor Augen. Und dann plötzlich dieser Einbruch. Bis zur 18 nur noch einen Punkt. Ich konnte mich nicht mehr konzentrieren, nicht mehr klar denken. Und das Bemerkenswerteste dabei, ich habe mich nicht geärgert, war nicht traurig oder gar enttäuscht, irgendwie war mir alles egal. Es war so ein Gefühl, als hätte ich Watte im Kopf.« Vielleicht ist es Ihnen schon ähnlich ergangen, jedenfalls sind solche oder ähnliche Situationsbeschreibungen immer wieder zu hören. Vor allem, wenn bei Hitze gespielt wird.

Analyse

Der Körper ist dehydratisiert. Er hat massiv an Flüssigkeit verloren, mit der Folge, dass das Blut dickflüssiger geworden ist und

Wie Ihr Turniertag aussehen könnte

8 Uhr Frühstück:	Wenn Sie auf der sicheren Seite sein wollen, sollten Sie vom Aufstehen an bis zum Frühstücksende neben der üblichen Tee- oder Kaffeeration einen Liter Flüssigkeit zu sich nehmen. Haben Sie Ihre Reaktion auf Kaffee schon einmal getestet? Kaffee entwässert und kann Ihre Turnieraufregung gegebenenfalls noch verstärken. Vorsicht daher mit dem üblichen Morgengetränk.
9 Uhr Driving Range:	bis zu einem weiteren Liter
10 Uhr Abschlag:	• Das Grundniveau ist erreicht • es gilt jetzt dieses aufrechtzuerhalten • an jedem Abschlag trinken
14^{30} Ende	
15^{30} Driving Range:	Ein Nachüben ist dann erfolgreich, wenn das Grundniveau konstant gehalten wurde.

nicht mehr in die feinen und feinsten Kapillaren des Gewebes, beispielsweise des Gehirns, vordringen kann. Die ausreichende Versorgung unterbleibt. Das Gefühl von »Watte im Kopf« macht sich breit. Die amerikanische Fachzeitschrift »Golf Digest« berichtet von Fällen, wo es auf dem Platz zu regelrechtem Kollabieren infolge des Dehydratisierens gekommen ist.

Untersuchungen an Spitzenspielern belegen, dass diese während einer Runde bei großer Hitze zwei bis vier Liter Schweiß absondern. Bemerkenswert und folgerichtig in diesem Zusammenhang: Wenn reichlich oder sogar überreichlich getrunken wird, ist ein Gang auf die Toilette meist nicht erforderlich, eben weil die Flüssigkeit über die Haut abgegeben wird.

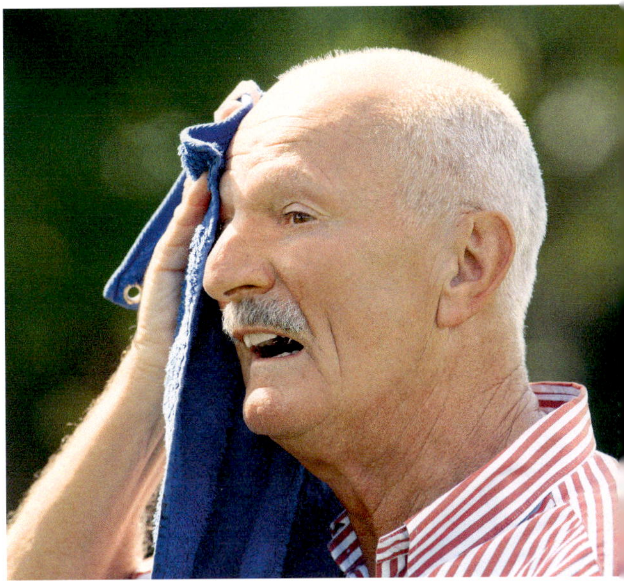

Auch bei großer Hitze bleibt Ihr Körper auf Betriebstemperatur, wenn Ihr Wasserhaushalt hoch gehalten wird.

Welch großen Anteil das Trinken bei Sommerturnieren am Erfolg hat, ist viel zu wenig bekannt, oder wenn bekannt, wird dieser so wichtigen Notwendigkeit nicht ausreichend Rechnung getragen. Bernhard Langer empfiehlt, sich während jeder Golfrunde zwei bis drei Liter zur Pflicht zu machen. Und hinzuzufügen ist, dass nicht nur während des Spiels getrunken werden muss, sondern schon vorher ausreichend Reserven anzulegen sind. Vielfach wird geglaubt, mit dem Trinken erst dann beginnen zu müssen, wenn sich der erste spürbare Durst einstellt. Weit gefehlt, denn dann ist es bereits zu spät. Flüssigkeitsmangel kann nicht auf die Schnelle wiedergutgemacht werden!

Auch das ist wichtig: Trinken Sie nicht mehr als einen halben Liter auf einmal (Stichwort Wasserbauch). Regelmäßig ist die Devise. Unsere Empfehlung versteht sich als ein Durchschnittswert. Je nach Tagestemperatur und Ihrer Neigung, viel Flüssigkeit überhaupt aufnehmen zu wollen, können Sie natürlich variieren. Wasser allein genügt absolut. Es müssen nicht unbedingt sogenannte (teure) Sportgetränke sein. Unsere Ernährung ist so gut, dass ein akuter Wirkstoffmangel nicht zu befürchten ist. Salzhaltige Drinks oder Salztabletten sind strikt abzulehnen, denn Salz beeinflusst den Wirkstoffhaushalt negativ. Menschen mit Blutdruckproblemen sollten sich diesbezüglich besonders in Acht nehmen.

»Zielen – nimm den Arm zu Hilfe!«

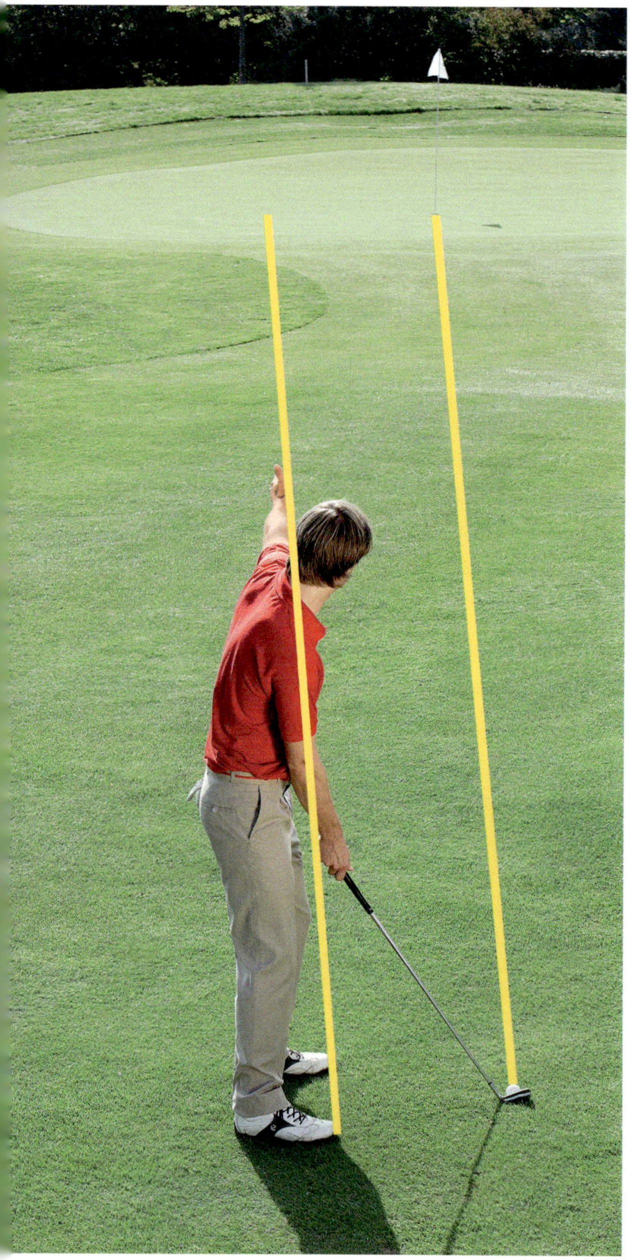

Wer, wie alle guten Spieler, richtiges Zielen als eine Grundvoraussetzung betrachtet, geht von der Erkenntnis aus, dass ein Ziel zu treffen von der Güte des Zielens maßgeblich bestimmt wird.

Über das Zielen im Allgemeinen ...

Achten Sie einmal bei Fernsehübertragungen darauf, mit welcher Gewissenhaftigkeit die Spitzenspieler ihren Ball ansprechen. Schauen Sie, wie exakt die Schultern, Hüften und Füße auf das Ziel ausgerichtet sind. Der Engländer Mark James, ein ehemaliger Ryder-Cup-Kapitän, sagt von sich, dass die beste Empfehlung, die er je bekommen habe, sich auf das Zielen bezog. Es ginge vor allem anderen darum, das Schlägerblatt auf das Ziel auszurichten und erst davon ausgehend die Ansprechhaltung einzunehmen. **Das Blatt zuerst**, sollte also Ihr Kommando lauten.

David Leadbetter, der amerikanische Prominenten-Golflehrer mit dem zu großen Hut als Markenzeichen, hat sehr Spezielles in seiner Ratgeberkiste. Nach der Entscheidung, welchen Schlag man machen will und mit welchem Schläger das geschehen soll,

Die Linien im Kopf erleichtern Ihnen die Vorstellung.

so seine Empfehlung, muss das Ziel derart intensiv ins Auge gefasst werden, als könne man es durch ein Vergrößerungsglas ganz nah an sich heranholen. Und am besten tue man dieses hinter dem Ball stehend. Der so herbeigeführte **Brennglaseffekt** habe den Vorteil, dass alle optischen Ablenkungen ausgeblendet würden, was zu einer verbesserten Konzentration und Vorstellung führe, wie der Ball fliegen soll, wo er landen muss und wo er schließlich liegen bleibt. Der Körper reagiere darauf intuitiv mit einer präziseren Bewegung. Ziele – so sein Credo – sollten immer klein sein und so spezifisch ausgewählt werden, dass sie ins Auge stächen.

... und im Besonderen

Sich korrekt aufs Ziel auszurichten ist unter anderem deshalb so schwierig, weil man aus der Ansprechposition heraus nicht sehen kann, wohin genau die Füße und Schultern zeigen.

Ein hilfreicher Schwunggedanke könnte sich mit Ihrem linken Arm verbinden. Strecken Sie in Ihrer Ansprechposition den linken Arm, wie zu sehen, in gerader Verlängerung der Schultern von sich. Wenn Sie korrekt aufs Ziel ausgerichtet dastehen, zeigt Ihr Arm jetzt parallel zur Ausrichtung des Schlägerblatts links am Ziel vorbei.

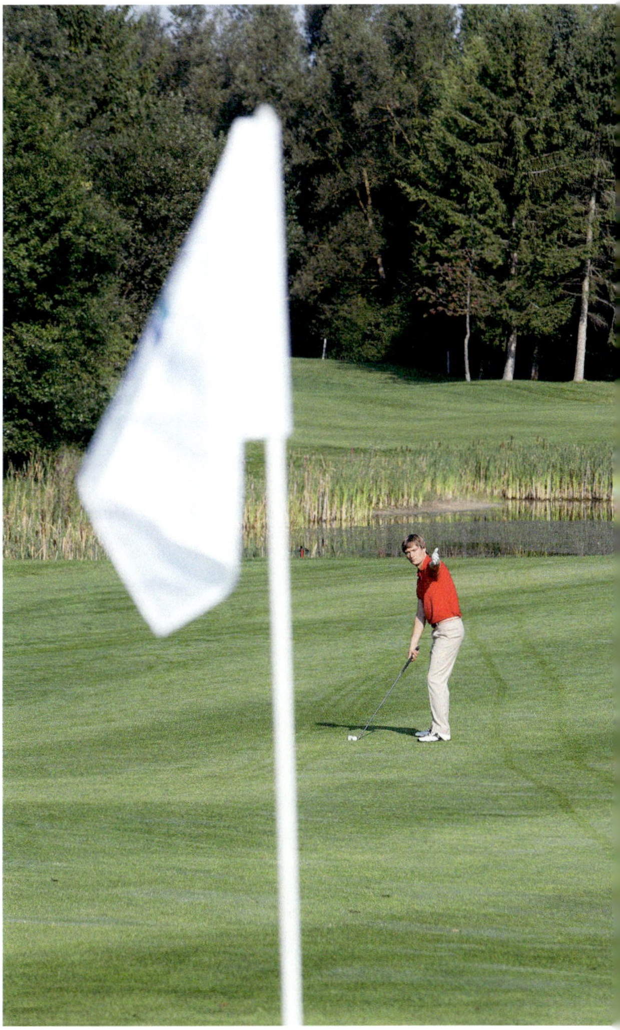

Der ausgestreckte linke Arm weist links an der Fahne vorbei.

Falsch ist, wenn er direkt auf die Fahne oder gar rechts daran vorbei weist. Auch wenn er über Gebühr nach links zeigt, müssen Sie nachjustieren.

Nimm den Arm zu Hilfe: Ein einfaches Korrektiv in Sachen Zielen – aber ein wirkungsvolles.

»Linker Fuß zurück«

In der Rubrik »best tip« war unlängst in einer englischen Fachzeitschrift zu lesen: »Ein solides Spiel hat drei Voraussetzungen: die Fähigkeit, richtig zu zielen, die Bälle gut zu treffen und über eine solide Längenkontrolle zu verfügen.« Gut gebrüllt, Löwe!, möchte man sagen, aber wenig zielführend selbst für solche unter uns, die sich ernsthaft bemühen. Schön wär's natürlich. Am vermeintlich einfachsten lässt sich noch das richtige Zielen bewerkstelligen, weil es dazu keines athletischen Körpereinsatzes bedarf. Und vielleicht gerade weil es so einfach erscheint, wird ihm in der Regel zu wenig Aufmerksamkeit zuteil. Wer nach rechts in die Büsche gedonnert hat, stellt in einer Nachbetrachtung dann lakonisch fest: »Da hatte ich ja auch hingezielt.« Eine Standardanalyse, die auf allen Plätzen zu hören ist.

Analyse

Wir sprechen jetzt über jene, die dem Zielen bisher nicht die gebührende Aufmerksamkeit geschenkt haben, sich mehr oder weniger nur auf ihre natürliche Fähigkeit zur (vermeintlich) richtigen Einnordung verlassen haben. Solche Spieler »zielen« fast durch die Bank nach rechts, golferisch ausgedrückt, ihr Stand ist geschlossen, oftmals über Gebühr geschlossen. Die solide Abhilfe besteht darin, das korrekte Zielen mit Hilfe von Schlägerlegen und der Unterstützung von Freunden so lange zu üben, bis man auf ein dauerhaftes Richtigmachen vertrauen kann. Das aber kann dauern, denn so einfach ist das Ganze nun mal nicht.

Abhilfe

Einfache und schnelle Abhilfe kann darin bestehen, dass Sie nach Einnahme Ihrer gewohnten Ansprechhaltung das linke Bein um eine halbe Fußlänge zurück versetzen. Ganz natürlich folgt dann die linke Körperseite der Öffnung dieses neuen Stands. So jedenfalls sollte es sein. Überprüfen Sie mithilfe des erwähnten Schlägerlegens, ob Sie diese einfache Beinbewegung korrekt ausgerichtet stehen lässt. Eine solchermaßen simple Korrektur zeitigt in der Regel eine positive Wirkung. **Linker Fuß zurück** wird für Sie zum wertvollen Schwunggedanken auf der Runde.

Der Nachteil: Die Ausrede, schlechte Schläge mit mangelhaftem Zielen zu beschönigen, entfällt.

So wie im Bild links sieht die Ausrichtung aufs Ziel bei vielen, vor allem schwächeren Spielern aus. Man möchte meinen, dass eine solche Zielansprache etwas Naturgegebenes ist. Linker Fuß zurück und plötzlich ist alles korrekt.

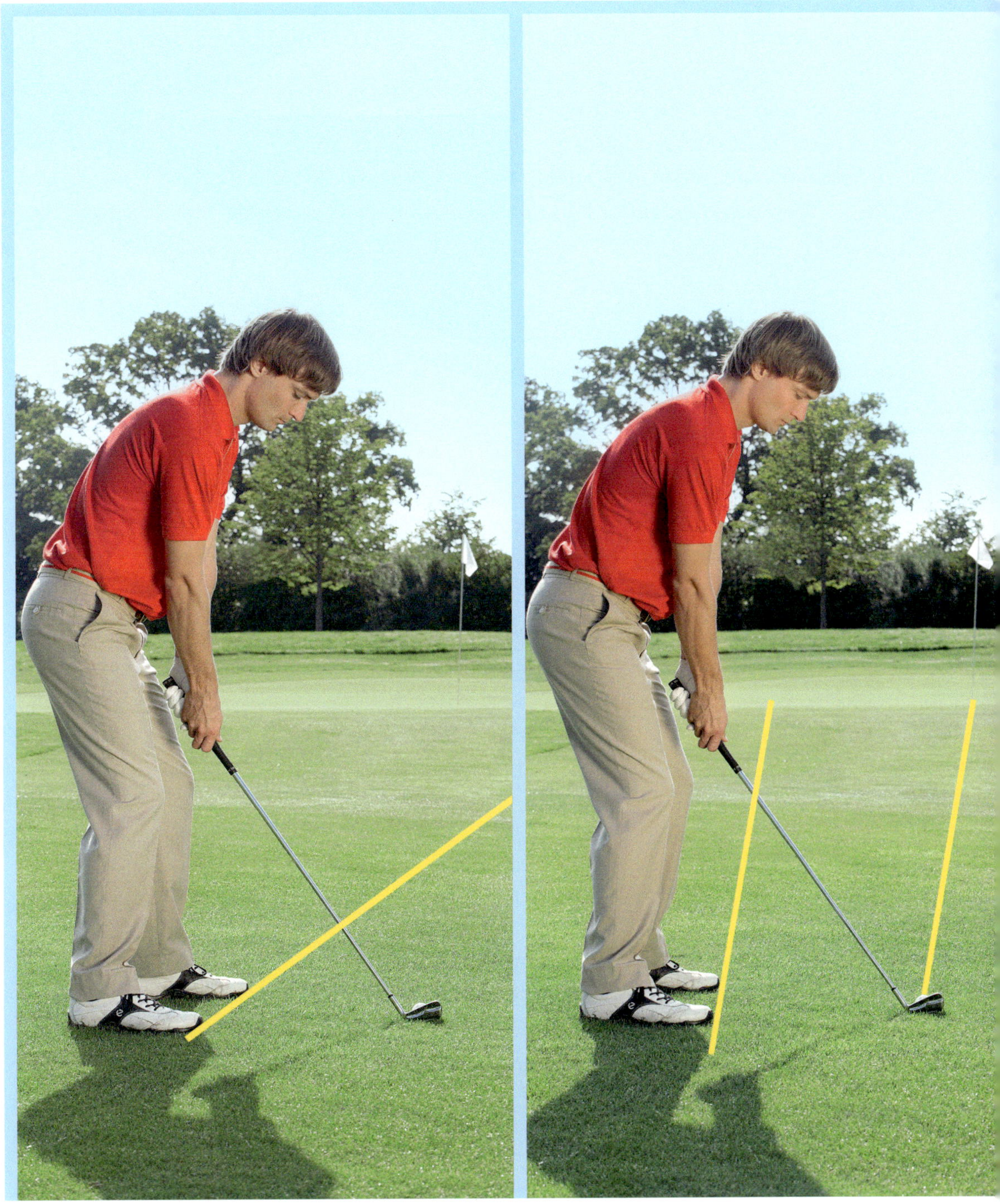

»(Schwung-)Gedanken zum Griff«

Das Credo von Ben Hogan, der der Erfinder des modernen Golfs genannt werden darf, war, dass gutes Golf mit einem guten Griff beginnt. Nur, was eigentlich ist ein guter Griff? Hier gehen die Meinungen auseinander, wobei sich die Anschauungen meist nur im Millimeterbereich bewegen. Wir haben für Sie zusammengestellt, was Golfautoritäten wie Greg Norman, Peter Kostis, David Leadbetter und Jack Nicklaus im Lauf der Zeit über den Griff gesagt haben:

- Ein stärkerer Griff bewirkt mehr Gutes als Schlechtes.
- Ein schwächerer Griff hat mehr Schlechtes im Gefolge als Gutes.
- Ein schwacher Griff erfordert wesentlich mehr Arm- und Schulteraktivitäten, um »square« an den Ball zu kommen.
- Ein stärkerer Griff verringert die Anspannung in den Armen und Händen und lockert einen zu festen Griff.
- Mit einem stärkeren Griff lässt sich mehr Energie aufbauen; Ihre Schläge werden damit länger.
- Ein neutraler Griff stellt sicher, dass beide Hände gleichzeitig »releasen«.

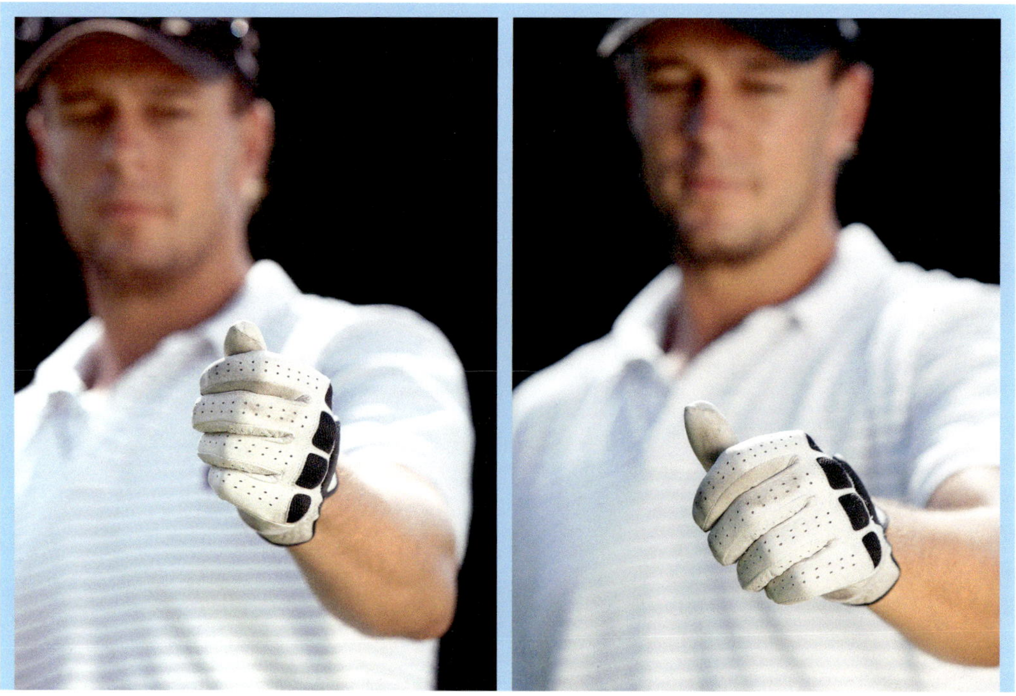

Die Stellung der linken Hand bei einem schwachen (links) und bei einem starken Griff (rechts).

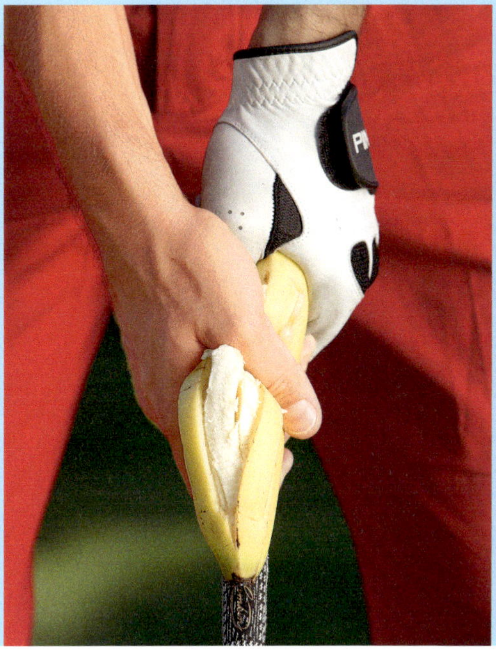

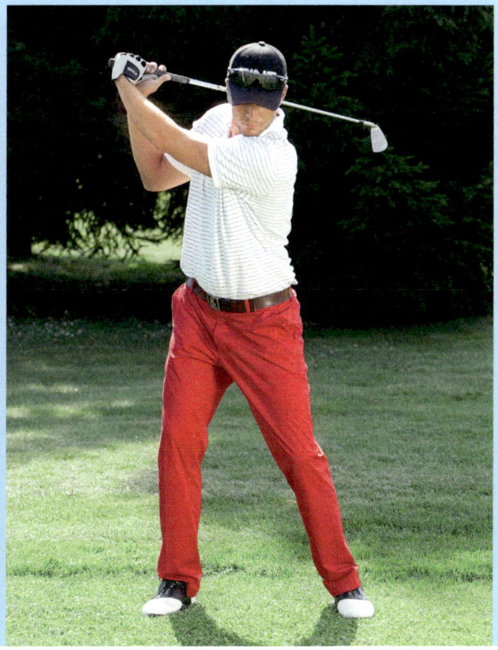

Wenn eine Banane platzt, hat der Griff Schraubstockcharakter. Liegt der Schläger zu locker in den Händen, macht er sich am Ende des Rückschwungs vielfach selbstständig.

Mehr noch als der Art und Weise, wie die Hände um den Schlägergriff angeordnet sind, gilt die Aufmerksamkeit dem »grip pressure«, also wie leicht oder wie fest der Schläger gehalten werden soll.

- Ein zu fester Griff führt zur Verspannung von Armen und Händen, sodass das Gefühl für den Schlag verloren geht. Auch kann der »release« nicht mit der notwendigen Natürlichkeit erfolgen.
- Ist der Griff zu leicht, verlieren Sie eventuell die Kontrolle über den Schlägerkopf während des Rückschwungs. Sie kommen nicht mehr »square« an den Ball.
- Fast übereinstimmend wird darauf hingewiesen, dass die Festigkeit des Griffs den gesamten Schwung über konstant gehalten werden muss. Das ist mit Sicherheit das Schwierigste aus dem Kapitel »Griff« und muss gezielt in einem unter Umständen langwierigen Prozess eingeübt werden.
- Bevorzugt wird von den meisten Spielern – von bestimmten Spielsituationen abgesehen – ein eher leichter Griff. Das reicht vom Driver bis hinunter zum Putter.
- Vor allem in brenzligen Situationen, wenn's um Ehre oder Geld geht, wenn das Adrenalin in Strömen fließt, sollte jeder Spieler sich zuallererst an den Schwunggedanken **Fass den Schläger leicht und locker an** erinnern.

»Fade fest – Draw locker«

Es kommt die Zeit, da Ihr Spiel bereits so gut ist, dass Sie die sozusagen niederen Weihen verlassen und sich am »Shotmaking« versuchen. Unter dieser Art des Trainings versteht man etwa beim langen Spiel den bewussten Versuch, den Bällen eine bestimmte Flugkurve zu geben. Bei einem Fade fliegt der Ball in leichter Kurve von links nach rechts, beim Draw von rechts nach links. Wer solche Schläge beherrscht, kann Hindernisse umkurven oder schwierige Fahnenpositionen unter dem Gesichtspunkt des »percentage play« anspielen, was der Risikominimierung dient.

Feingetunte Fades oder Draws auf Bestellung spielen zu können ist schwierig, und daher erklärt es sich, dass sich selbst Spitzenspieler stundenlang dem Training solcher Schläge widmen.

Man muss dabei Faktoren wie die Balllage in der Ansprechposition im Auge haben, und auch der Stand und die jeweilige Schwungebene spielen eine wesentliche Rolle. Wir wollen Sie mit einigen Schwunggedanken unterstützen, die Ihnen den Einstieg in die größere Hubraumklasse des Golfs ein wenig erleichtern können.

Ein fester Griff (nicht zu fest natürlich) **für einen Fade, ein eher leichter Griff für den Draw** ist unsere erste Empfehlung an Sie. Der feste Griff soll sicherstellen, dass sich das Schlägerblatt nicht vorzeitig schließt, der leichte hingegen schafft die notwendige Bewegungsfreiheit der Arme und Hände beim »release«. Und auch dies könnten Sie bei Ihren ersten Schritten hin zu dieser Art der Ballbehandlung mit in Ihr Basisprogramm aufnehmen: Für den Fade ist eine eher steile Schwungebene von Vorteil, wobei während des Rückschwungs die Handgelenke aktiv eingesetzt werden. Bei Draws unterbleibt ein betonter Einsatz der Handgelenke. Der etwas flachere Rückschwung erfolgt, so unsere Empfehlung, aus einer Ansprechposition heraus, die durch starke Hände charakterisiert ist.

Es handelt sich, wie gesagt, um Grobempfehlungen. Wir haben sie über lange Zeit ausprobiert und als geeignet für einen Einstieg in diese schwierige Thematik empfunden. Mit solchem Wissen und dem sich daraus ableitenden Schwunggedanken im Gepäck schaffen Sie sich gute Voraussetzungen, in die Materie tiefer und auch erfolgreicher einzusteigen.

Mit einem deutlichen Winkelsetzen (2) schaffen Sie sich sogenannte starke Hände, eine wesentliche Voraussetzung für kraftvolle Schläge. Mit schwachen Händen (1) agiert man stets kraftlos. Versuchen Sie es einmal mit dem Schläger in waagerechter Position (3). Sie bringen Ihre Hände damit optimal in Stellung. Jetzt ist nur noch Schulterdrehung angesagt (4, 5, 6). Die Hände bleiben die ganze Zeit über, wie sie sind. Erst im »release« wird die Winkelstellung aufgelöst.

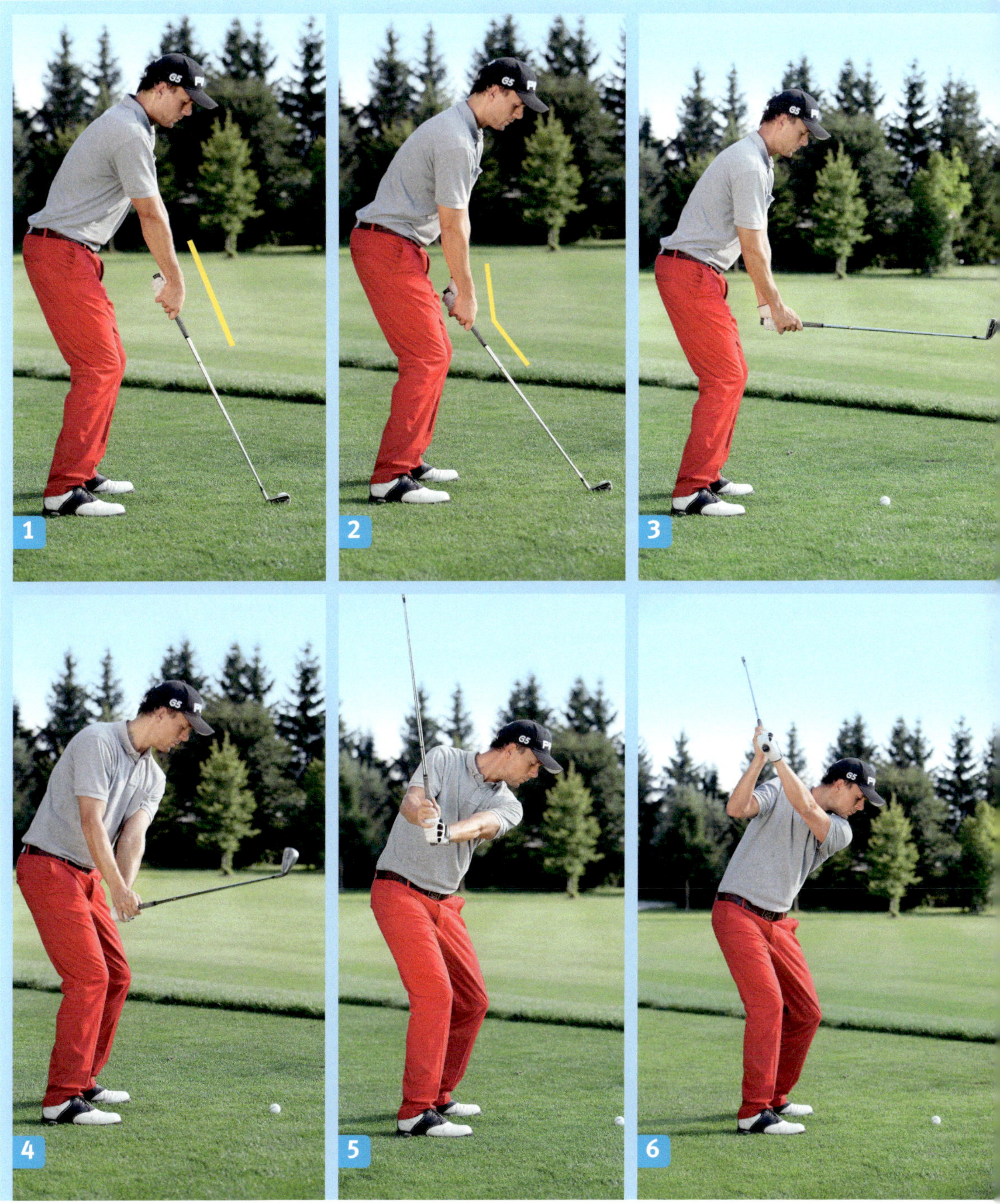
1
2
3
4
5
6

»Hanglagen – natürlich und locker«

Wir wollen in diesem ersten Schritt nicht nachfragen, wo es bei Ihnen im Einzelnen hapert, sondern nur feststellen, dass Hanglagen mit zum Unbeliebtesten zählen, was Golfplätze Spielern antun können. Platzarchitekten, die ihre »layouts« mit vielen Schieflagen versehen haben – wie beispielsweise Bobby Jones und Alister MacKenzie beim Augusta National Golf Club, dem berühmten Masters-Platz –, mussten sich immer schon einiges an Kritik ins Stammbuch schreiben lassen.

Sam Snead, Gewinner diverser Major-Turniere beispielsweise, hat über sie so geurteilt: »Golfplatzarchitekten machen mich krank. Die können selber nicht spielen und legen darum die Plätze so an, dass alle anderen sie auch nicht spielen können.«

Wenn Sie in sich hineinhören, werden Sie womöglich zu dem Schluss kommen, dass die Schläge aus Hanglagen sooo schwierig gar nicht sind. Des Öfteren nämlich schon haben Sie sich ja ganz passabel aus der Affäre gezogen. Eben weil aber auch sehr viel schiefgegangen ist und Sie sich nicht die Mühe gemacht haben, die gar nicht so schwierige Technik zu erlernen, haben Sie gegen Hanglagen generell eine tiefe Abneigung entwickelt. Mit der Folge, dass dieses psychologische Hemmnis die Sache nur noch schwieriger macht. Was raten uns all jene, die mit solchen Schlägen keine

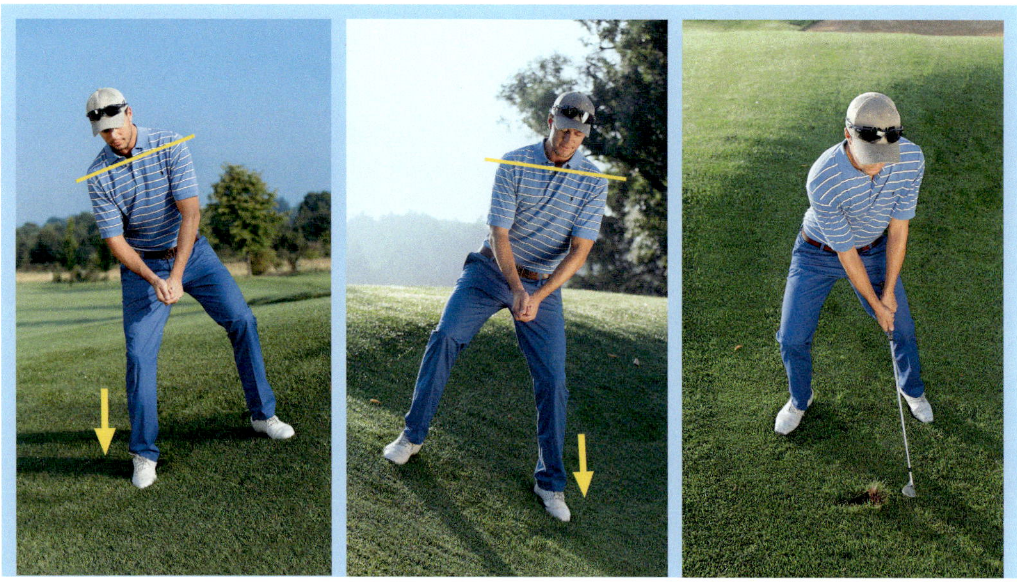

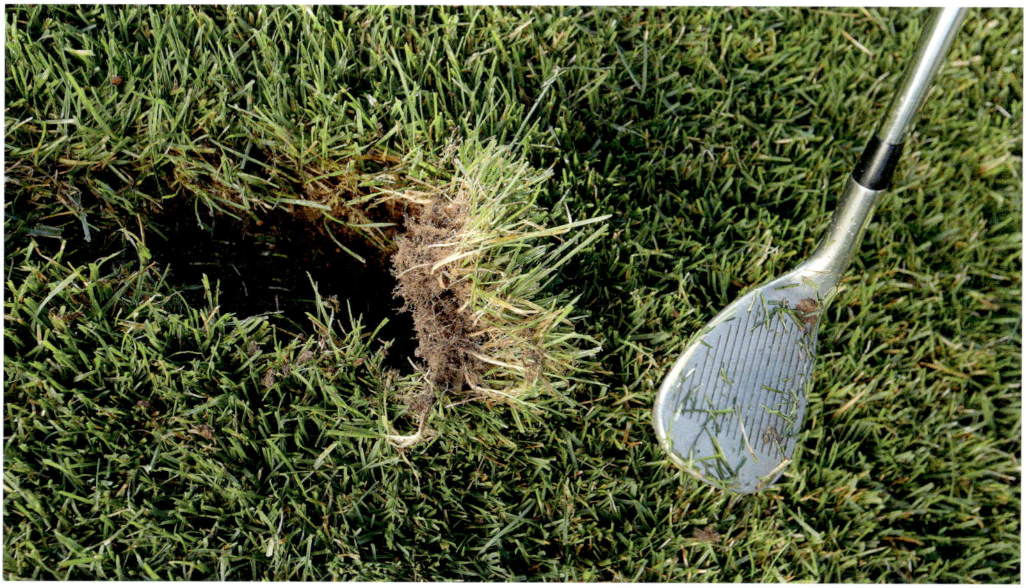

Bei Schlägen aus Schieflagen nicht umzufallen – vor allem nicht, bevor noch der Ball getroffen wird – muss gezielt vorgebeugt werden. Tragen Sie mit Ihrer Gewichtsverteilung der Hangneigung Rechnung. Achten Sie auf die Schulterstellungen (siehe Seite 31 ff.). Der Ball liegt dort, wo der Schlägerkopf zuerst den Boden berührt hat.

Schwierigkeiten haben? Zunächst einmal etwas, was mit Golftechnik fast gar nichts zu tun hat.

Erstens: Überall dort, wo mit der vertrackten Lage des Balls Schwierigkeiten mit Stand und Ansprechposition einhergehen, muss man sich darum bemühen, so **natürlich und locker am Ball** zu stehen, als hätte man gar nicht vor, ihn in Kürze zu spielen. Dadurch reagiert der Körper instinktiv auf die Unebenheiten im Gelände und richtet sich entsprechend ein.

Zweitens: Bevor Sie den besagten Ball schlagen, suchen Sie sich eine Stelle mit ähnlicher Hangneigung und machen dort einen Probeschwung. Achten Sie dabei sehr genau darauf, wo Ihr Schläger den Boden berührt. Die wichtigsten Informationen für Ihren Schlag haben Sie jetzt: Wo sollte der Ball beim Ansprechen liegen? Muss der Schläger kürzer oder länger gegriffen werden, und gibt die Ansprechhaltung so viel Festigkeit, dass man während des Schlags nicht die Balance verliert? Mit solchen Erkenntnissen ausgerüstet, sprechen Sie Ihren Ball an – und los geht's.

Vertrauen Sie Ihrem Körper. Er reagiert instinktiv sehr gut auf schiefe Lagen. Und sicherlich gelingt es Ihnen, aus solchen Erkenntnissen einen für Sie effizienten Schwunggedanken zu entwickeln.

»Hanglagen – die Zweite«

Das mit den zielführenden Schwunggedanken bei Hanglagen ist so eine Sache. Wir schicken voraus, dass es jetzt nur um das lange Spiel geht. Es muss bei solchen Schlägen, will man sich nicht auf die natürliche Unterstützung des Körpers allein verlassen (siehe »Hanglagen – natürlich und locker«, Seite 28 f.), sehr viel bedacht und dann auch technisch umgesetzt werden. Schieflagen sind ohne Frage Ausgangspunkt für Fehler in alle Richtungen. Uns als Golfautoren wird immer wieder empfohlen, sich in einem Buch oder Video einmal ausschließlich mit der Bewältigung dieses Problemkreises zu beschäftigen. Vielleicht kommt es ja dazu. Wir denken darüber nach ... Fasst man die vier klassischen Hanglagen zu einer Disziplin zusammen, so hat man es mit der Bewältigung umfangreichen Lernstoffs zu tun. Wobei es dann einer zusätzlichen Anstrengung bedarf, sich an das jeweils Richtige zu erinnern und dieses dann konsequent umzusetzen. Vor allem unter Turnierstress eine nicht einfache Aufgabe.

Die richtige Wahl

Für das Meistern schwieriger Situationen im Golf bieten sich immer eine Vielzahl von Schwunggedanken als hilfreich an. Das Problem dabei ist nur, welcher genau es ist, der Ihre Schwachstelle am effizientesten behebt. Oft zu hören sind die Fragen, wo der Ball beim Ansprechen liegen und mit welchem Schläger man dem Problem am besten zu Leibe rücken sollte. Was ist gegen die stets wackelige Balance zu tun?

Wo liegt der größte Fehler?

Die Hilfe zur Selbsthilfe schaut aus unserer Sicht so aus, dass Sie versuchen, Ihren schwerwiegendsten Fehler mit wessen Hilfe auch immer herauszufinden, und dann mit den nebenstehenden Schwunggedanken experimentieren. Einmal mehr bewährt sich hierbei die Selbstkontrolle mithilfe der Videokamera. Seien Sie zuversichtlich! Allein schon die theoretische Beschäftigung mit den Hanglagen, der Sie sich gerade unterziehen, wird Sie in der Sache deutlich voranbringen. Das jedenfalls ist die einhellige Meinung von Sportpsychologen. Vielleicht kann Ihnen auch das schon helfen, was Tom Watson als Gemeinsamkeit für alle Ansprechhaltungen in Schieflagen beschreibt: Der Winkel zwischen Armen und Schlägerschaft bleibt immer gleich. Das ist doch immerhin schon etwas. Dieser konstant gehaltene Arm/Schaft-Winkel und eine gefestigte Balance sind sozusagen die »basics« für das Spiel aus schiefen Lagen. Eine vertiefte Betrachtung der Bildserien ist sicherlich eine gute Voraussetzung, den für Sie hilfreichsten Schwunggedanken herauszufinden.

Hangaufwärts

- In der Ansprechposition sind die Schultern parallel zur Hangneigung ausgerichtet.
- Die Balllage entspricht jener in der normalen Ansprechposition.
- Stehen Sie mehr auf dem rechten Bein. Zur besseren Abstützung kann das rechte Knie leicht einwärtsgebeugt werden.
- Normale Schwungbewegung, wobei Sie aber betont hinter dem Ball bleiben (Pull-Gefahr!).

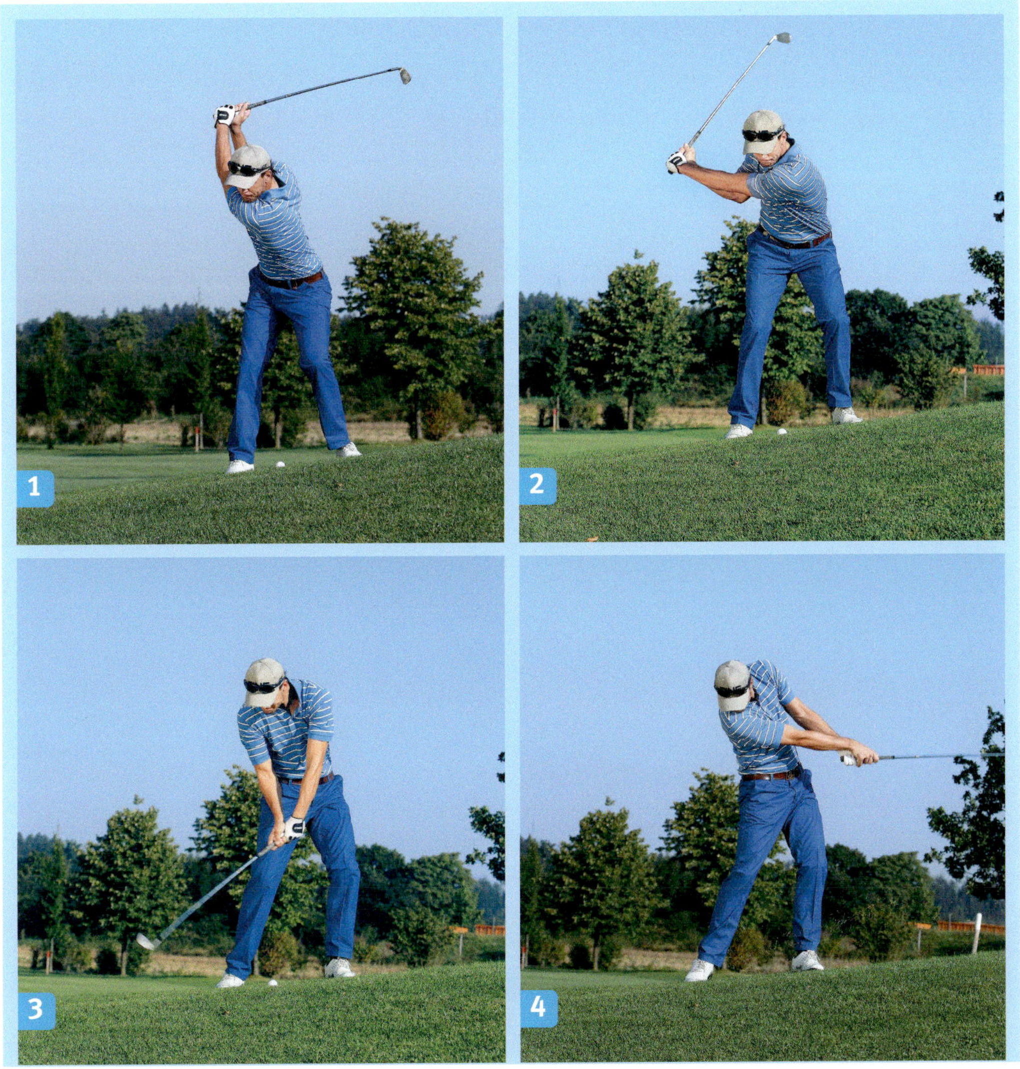

Hangabwärts

- In der Ansprechposition bleiben die Schultern waagerecht.
- Der Ball ist im Stand deutlich nach hinten versetzt.
- Stehen Sie mehr auf dem linken Bein.
- Im Schwung sollte der Unterkörper bewusst ruhig gehalten werden. Weniger Beinarbeit ist jetzt angesagt.
- Stellen Sie sich vor, den Schlägerkopf parallel zur Hangneigung zu schwingen.
- Die Körperachse (mit dem Kopf) neigt sich dabei nach vorn.

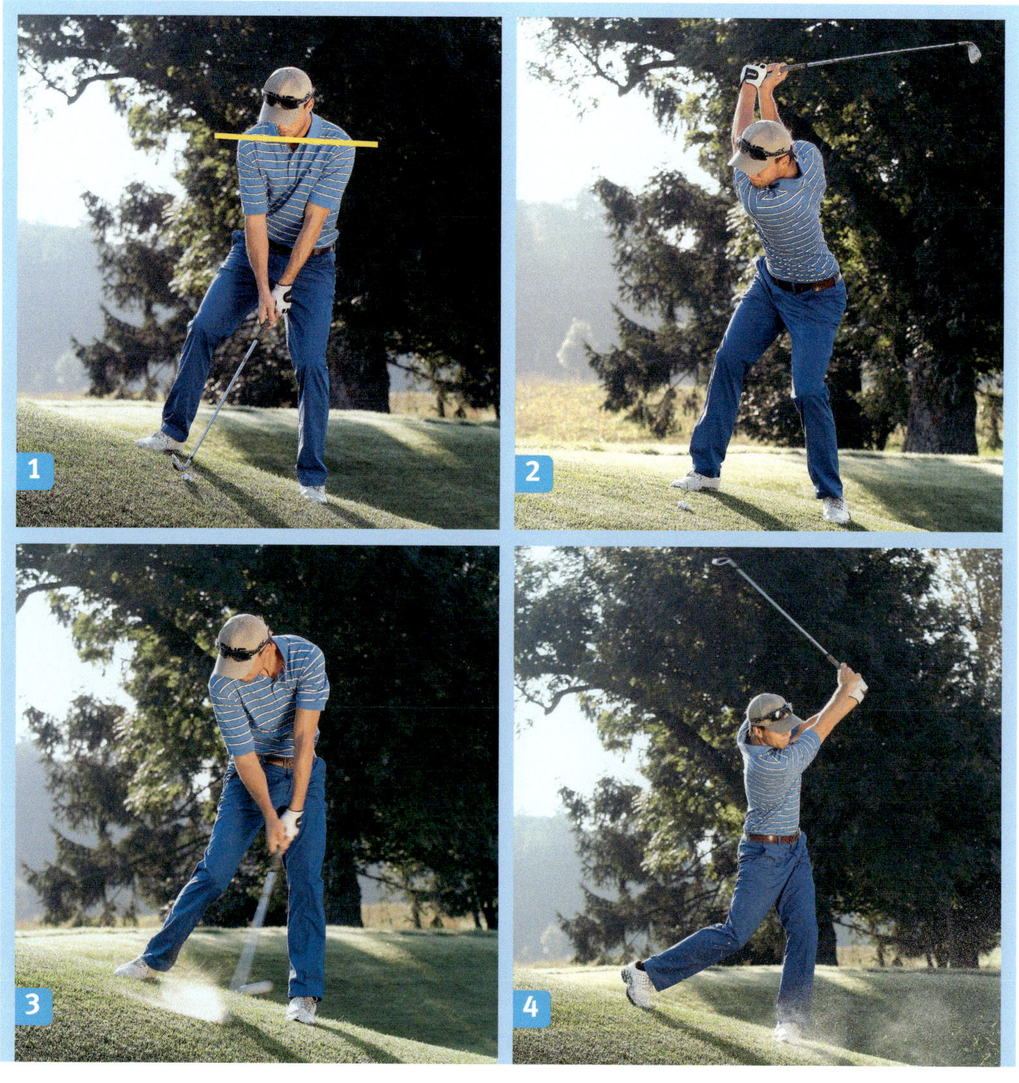

Ball unter Ihren Füßen

- In der Ansprechposition beugen Sie entsprechend der Hangneigung Wirbelsäule und Knie. Kleiner werden!
- Halten Sie diesen Körperwinkel bis zum Treffen des Balls ein. Bleiben Sie während der ganzen Schwungbewegung klein. Die Bildserie macht es deutlich.
- Balllage wie in normaler Ansprechposition.
- Schwingen Sie in einer bewusst steilen Ebene. Halten Sie den Kopf hoch.
- Ihr Körpergewicht ist betont auf die Hacken verlagert.

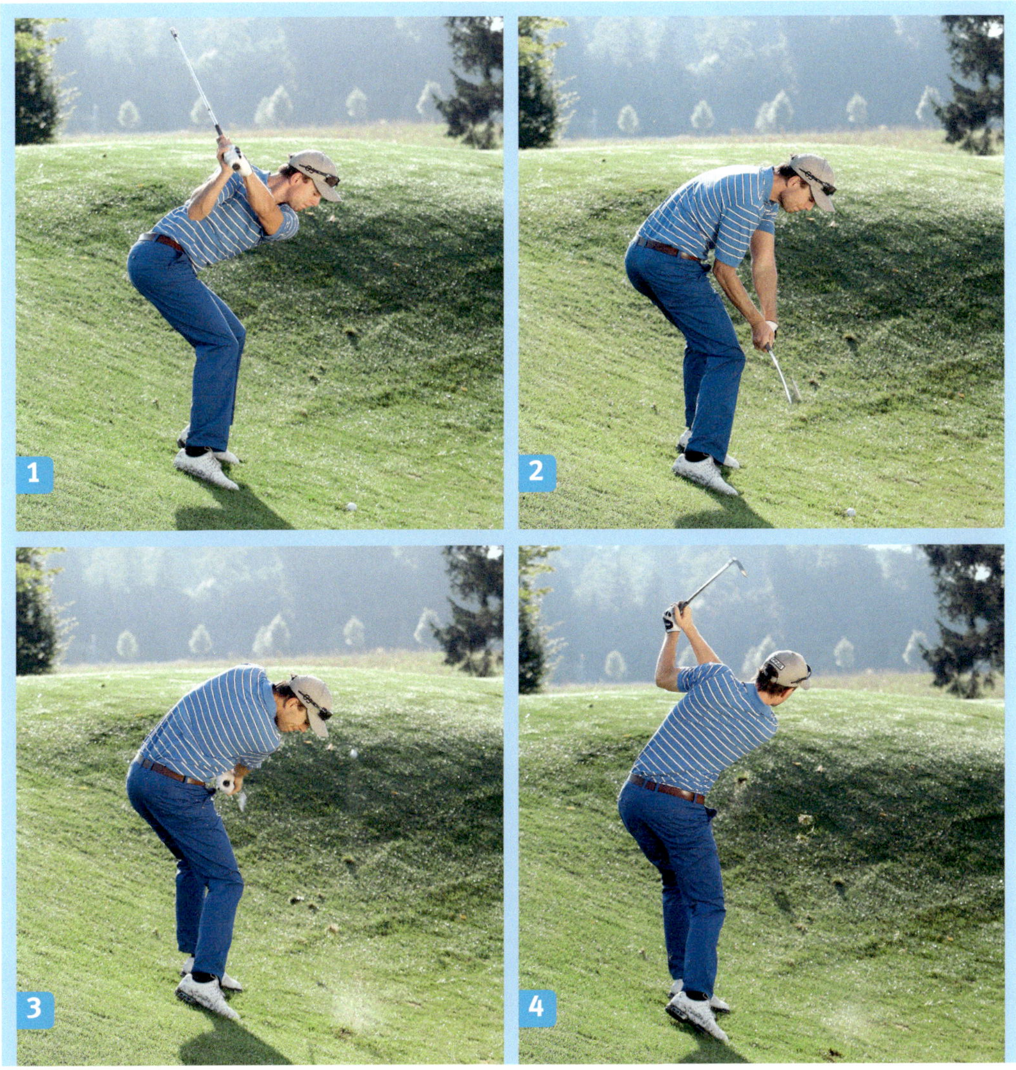

Ball über Ihren Füßen

- Aufrechte Ansprechposition.
- Greifen Sie den Schläger dem Abstand zum Ball entsprechend kürzer.
- Ball wird aus der Mitte (eher sogar weiter zurück) gespielt.
- Ihr Gewicht verlagert sich zum Hang hin (auf den vorderen Teil der Füße). Das unterstützt das Balancehalten.
- Flachere Ebene beim Rückschwung.
- Bleiben Sie beim Vorschwung betont hinter dem Ball. Halten Sie dazu Ihre Körperachse so ruhig wie möglich.

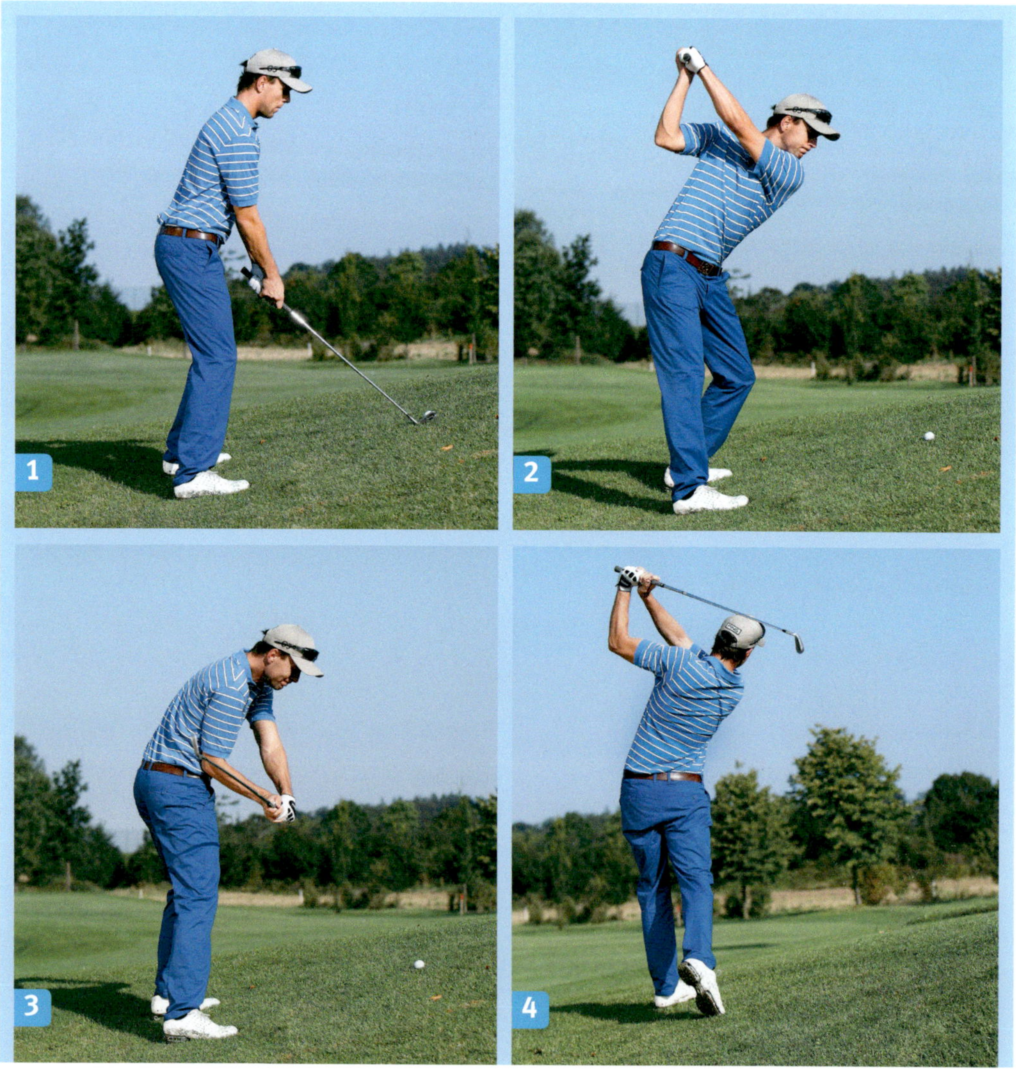

»Rescue – am Äquator«

Das gute an den »Rescue«-Hölzern ist, dass sie einfach zu handhaben sind. Man spielt sie so, als habe man ein Eisen in der Hand. An bestimmte Veränderungen, wie sie etwa für den Driver notwendig sind, braucht man nicht zu denken. »Rescues« bieten bei vielen Gelegenheiten vom Tee hervorragende Möglichkeiten. Besonders an gefährlichen Löchern empfiehlt sich ihr Einsatz. Man ist ausreichend lang mit ihnen, genauer auch als mit den Hölzern, und sie verzeihen sehr gut, wenn der Ball nicht exakt getroffen wird.

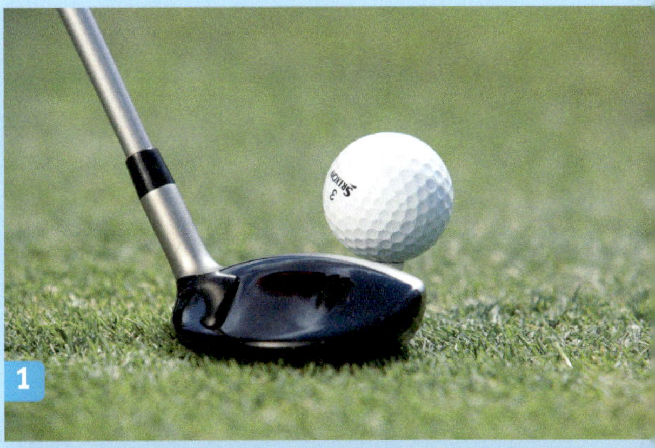
1

Aufpassen muss man lediglich beim Aufteen. Zu hoch führt in der Regel dazu, dass der Ball im oberen Teil des Schlägerblatts getroffen wird und es daher zu einem kurzen, hochfliegenden Ball – einer Kerze – kommt (Abbildung 1). Ideal aufgeteet haben Sie immer dann, wenn die **Schlägerkopfoberkante in einer Linie mit dem Äquator des Balls** ist (Abbildungen 2 und 3). Damit trifft man ihn im »Sweetspot«, was zu einer optimalen Flughöhe und damit auch zu größtmöglicher Länge führt.

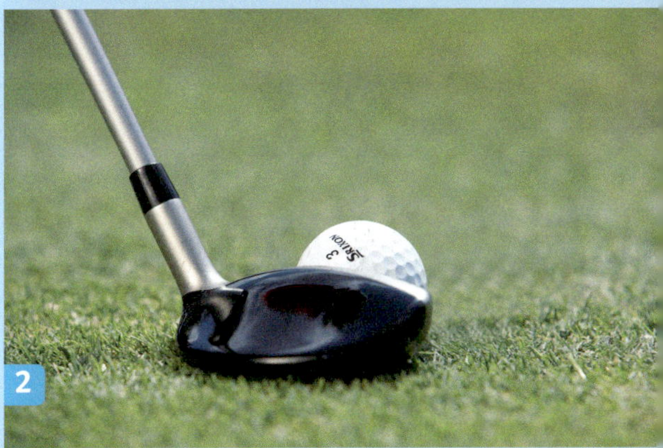
2

»Rescue«-Hölzer werden inzwischen in einer großen Bandbreite von Lofts angeboten (13–21°). Viele Spieler sagen, sie kämen mit ihnen wesentlich besser zurecht als mit ihren 3er- und 4er-Eisen.

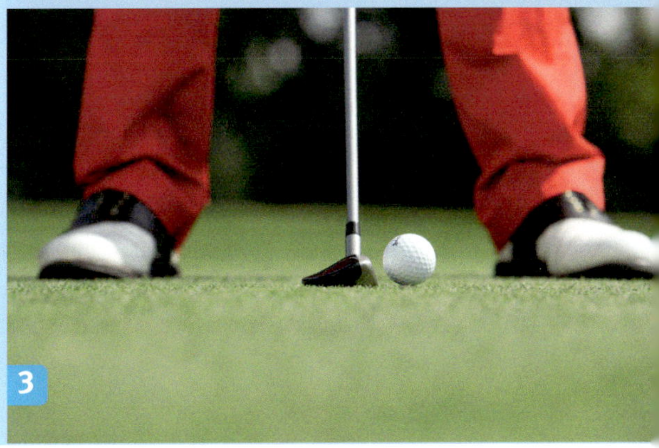
3

Bei den meisten Spitzenspielern haben die »Rescues« inzwischen die Eisen 1 und 2 aus dem Bag verdrängt.

Zum Verständnis ein wenig Physik

Mit dem hoch komplexen Bewegungsablauf eines Golfschwungs verbinden sich Kernfragen wie:

- Woher kommt die Kraft?
- Wie lässt sich Energie möglichst verlustfrei auf den Schlägerkopf übertragen?
- Worin besteht die Kunst, den Ball exakt zu treffen?

Bei der Beantwortung dieser Fragen halten wir Autoren uns an die Physik. Bewegungsgesetze in biomechanische Abläufe zu übertragen ist aus unserer Sicht der beste Weg, Grundsätzliches in einem Golfschwung zu erkennen. Persönliche Anschauungen und Erfahrungen treten dabei in den Hintergrund. Man eliminiert damit Hindernisse, die einem für gewöhnlich den Blick verstellen.

Achse & Vektor

Der Golfschwung basiert auf einem Drehsystem. Die Achse ist unsere Wirbelsäule, mit den sich drehenden Schultern erfolgten im Rückschwung der Energieaufbau und im Vorschwung der Energietransfer auf den Schlägerkopf. Alles also, was mit Energie und Kraft zu tun hat, steht in unmittelbarem Zusammenhang mit dem Drehen der Schultern. Optimal können solche Vorgänge jedoch nur dann ablaufen, wenn die Achse, sprich: unsere Wirbelsäule, ruhig gehalten wird. Schwankt sie, entstehen Unwuchten im Drehsystem und auf diese Weise dann schlechte Voraussetzungen, die Bälle gut zu treffen.

Für den Energiefluss in den Schlägerkopf sorgt in erster Linie eine in den Boden gerichtete Kraft. In der Fachsprache heißt es, dass man zu Beginn des Vorschwungs »down plane« geht. Ein korrekter Schwung ist durch einen Kraftvektor charakterisiert, der nach unten in den Boden gerichtet ist und nicht nach vorn aufs Ziel.

Physik & Biomechanik

Die im Folgenden formulierten Schwunggedanken zielen darauf ab, dass Sie diesen »fundamentals« in Ihrem Golfschwung Rechnung tragen. Sie sind mehrheitlich kontra-intuitiv und haben mit natürlichen Bewegungen fast gar nichts zu tun. Das ist es ja, was die ganze Angelegenheit so schwierig macht. Und gerade weil das so ist, ist es wichtig und hilfreich, sich mit zielführenden Schwunggedanken immer wieder an das wirklich Wichtige zu erinnern.

Wie Bewegungsgesetze in die Biomechanik des Golfschwungs umgesetzt werden: Schulterdrehung (Abbildungen 1, 2, 3), ruhig gehaltene Körperachse (alle Abbildungen), »down plane« (2, 5), gerader linker Arm (alle).

Eine weiter reichende und vertiefte Darstellung der Physik-/Biomechanik-Gesetzmäßigkeiten finden Sie in »Richtig gutes Golf« (siehe dazu das Literaturverzeichnis »Noch mehr Hilfe zur Selbsthilfe« auf Seite 124 f.).

Grundlegende Werke, allerdings nur auf Englisch und nicht unbedingt von leichter Hand gefertigt, haben Hebron, Kelly und Cochran/Stobbs geschrieben (siehe ebenfalls Literaturverzeichnis auf Seite 124 f.).

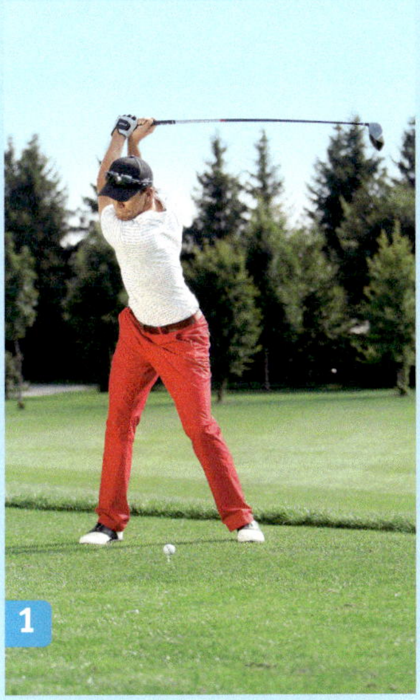

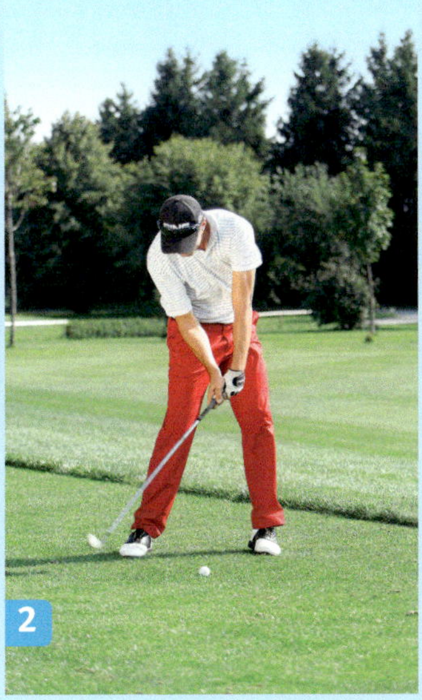

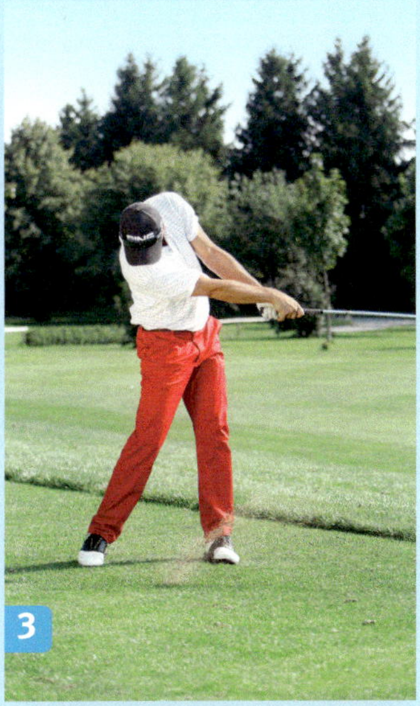

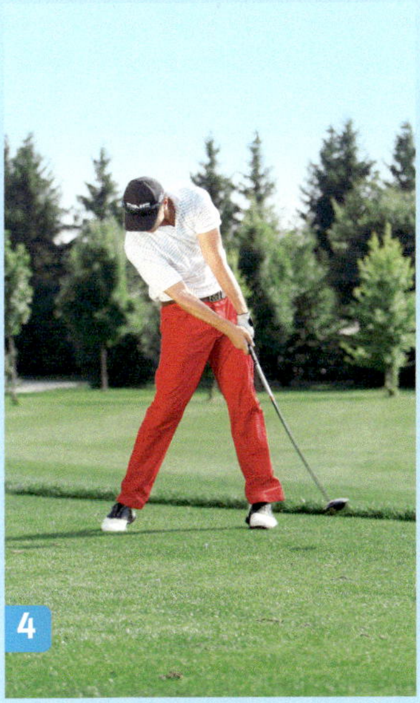

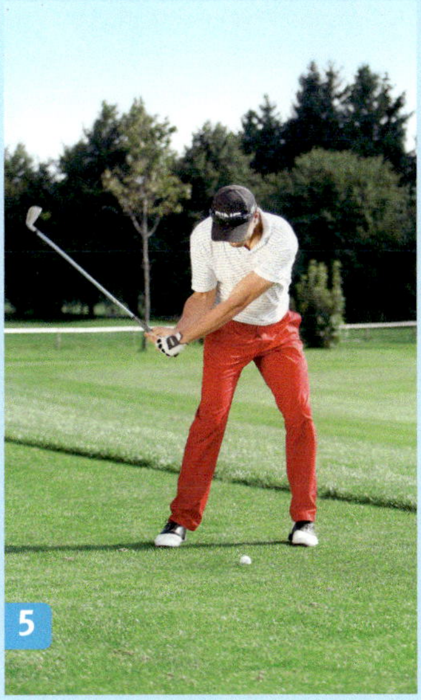

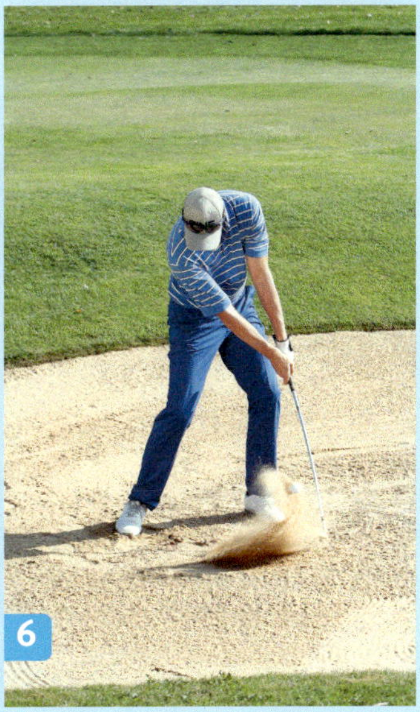

»Dreh die Schultern!«

Sie schlagen mit einem Eisen 5 nicht weiter als mit einem Eisen 7. Ihr Eisen 7 ist einmal nur 100 m lang, ein anderes Mal dagegen 130 m. Einmal kürzer, einmal länger. Verlässlichkeit in der Längenkontrolle? Keine Chance. Hinzu kommt eine nicht in den Griff zu kriegende Streuung. Wenn Sie ehrlich mit sich sind: Ihr Spiel ist ohne Frage auf Desaster programmiert.

Superzeitlupen haben bahnbrechend zur Entheimlichung des Golfschwungs beigetragen. Und da zeigt sich unmissverständlich, dass die oben geschilderten Phänomene in den meisten Fällen auf einen mangelhaften Rückschwung zurückzuführen sind. Genauer gesagt: auf ein nicht ausreichendes Zurückdrehen der Schultern.

Analyse

Folgendes Phänomen ist geradezu klassisch: Immer dann, wenn aus Gründen fehlender Konzentration oder Ermüdung nicht mehr voll aufgedreht wird, ist in der Regel

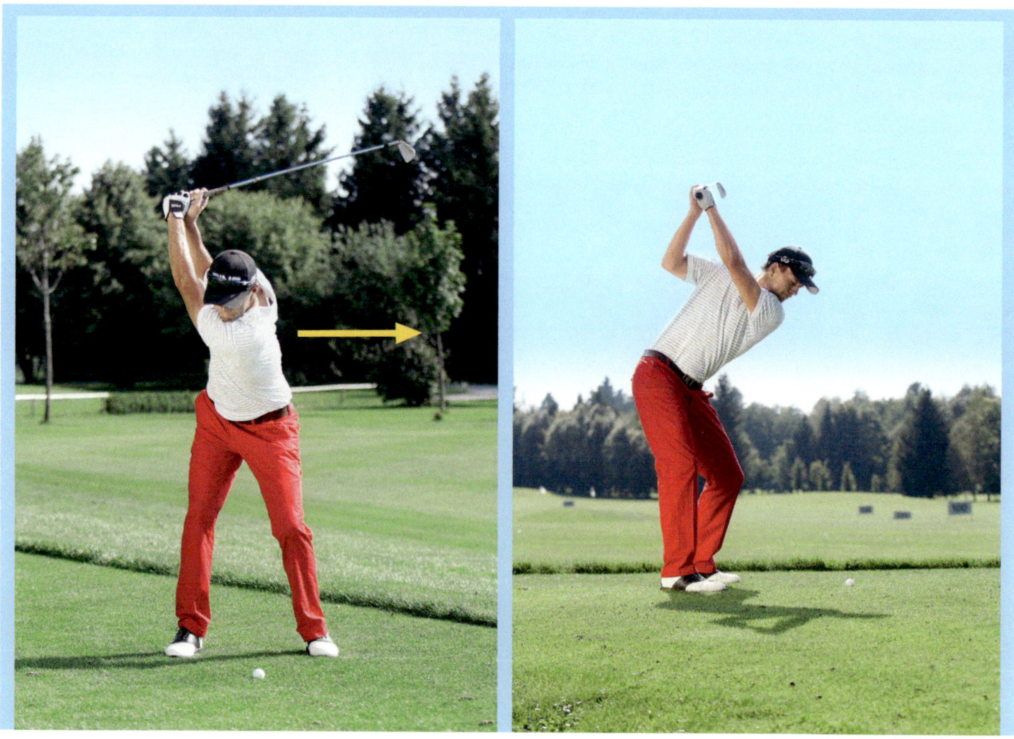

ein Slice oder Pull die Folge. Der Grund: Instinktiv spürt ein Spieler, dass er sein gewohntes Potenzial nicht erreicht, und strebt daher nach Ausgleich, indem er die rechte Körperseite, womöglich sogar den gesamten Körper in den Schwung wirft. Das Drehen der Schultern kann in seiner Bedeutung im Rahmen der Gesamt-Schwungbewegung gar nicht genug betont werden. Wichtig ist zudem, dass die Schultern immer im gleichen Maße gedreht werden. Es ist so gut wie unmöglich, den Ball konstant gleich weit und auch genau zu schlagen, wenn der Grad der Schulterdrehung bei jedem Schlag ein anderer ist.
Finden Sie heraus, welcher Schwunggedanke für Ihren Rückschwung bzw. Ihre Schulterdrehung die beste Wirkung zeigt:

- **Linke Schulter unters Kinn,**
- **rechte Schulter zurück** oder
- **Rücken zum Ziel.**

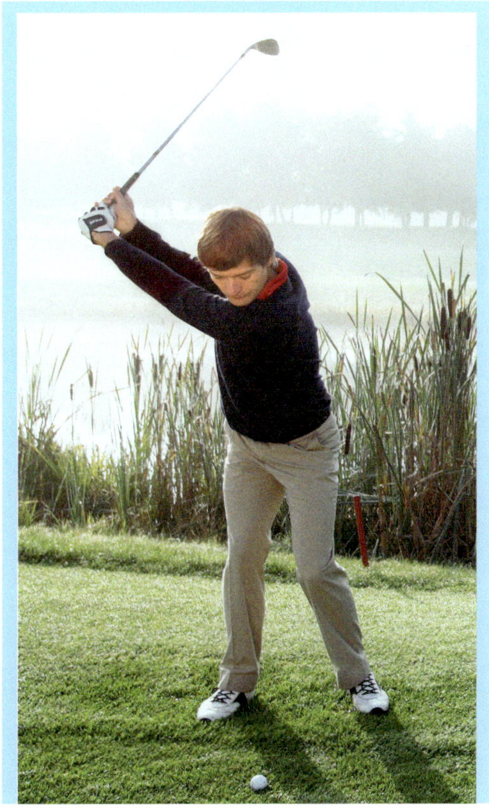

Auf den Abbildungen wird deutlich, wie kraftvoll im nächsten Augenblick zugeschlagen wird. Eine gute Schulterdrehung ist dafür eine wesentliche Voraussetzung und auch der gestreckte linke Arm.

Das vorrangige Ziel beim Rückschwung muss immer sein: Dreh die Schultern – und zwar so weit es geht. Deutlich wahrnehmbar muss jetzt ein Ziehen in der Muskulatur werden, sogar bis an die Schmerzgrenze. Aber auch wenn's ein wenig zwickt, geben Sie nicht nach, indem Sie nach rechts ausweichen. Die Feder ist nur dann richtig gespannt, wenn das Aufdrehen gegen den sogenannten festen Stand erfolgt. Stehen Sie da wie in den Boden betoniert, und drehen Sie Ihre Schultern gegen den Widerstand des Unterkörpers zurück. Dazu bedarf es, wie gesagt, deutlich wahrnehmbarer körperlicher Anstrengung. Golf als Leistunssport. Das Aufdrehen ist wesentlicher Baustein für Stil und Form des Schwungs. Mit dem verbesserten Grad des Aufdrehens wird jeder Schwung flüssiger und somit eleganter.

Wer sich in dieser so wichtigen Dreh-Angelegenheit tief greifend schlau machen will, der kann das mit Hilfe des Golfkompendiums von Alexander Kölbing (2014) tun.

»Knie rein!«

»Du schwankst viel zu sehr nach rechts, von einem Drehen keine Spur. Ein Wunder, dass Du beim Rückschwung nicht umfällst.« Liebevolle Worte aus dem Mund von Mitspielern, die man um Kritik gebeten hat. Die Balance geht verloren und damit auch jede Voraussetzung für einen guten Schlag.

Worüber wir hier reden, ist der sogenannte »sway«, das auffällige Schwanken des gesamten Körpers, von dem Greg Norman sagt, er sei das größte Übel im gesamten Schwunggeschehen. Weil man schwankt und nicht dreht, werde gegen die Zentralidee des Golfs verstoßen.

Analyse

Dass die Drehbewegung vielen von uns so schwerfällt, liegt sicherlich auch in unserem natürlichen Bewegungsgefühl begründet. Instinktiv suchen wir die Kraft für den Golfschlag in einem Zurück-und-Vor, insbeson-

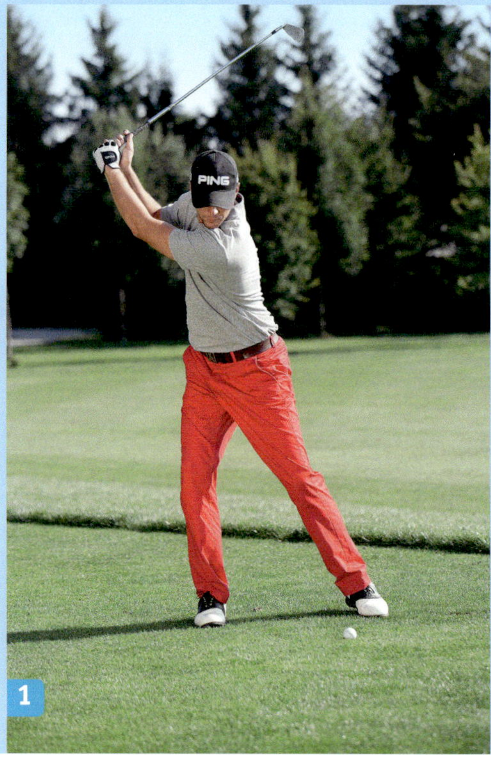

1

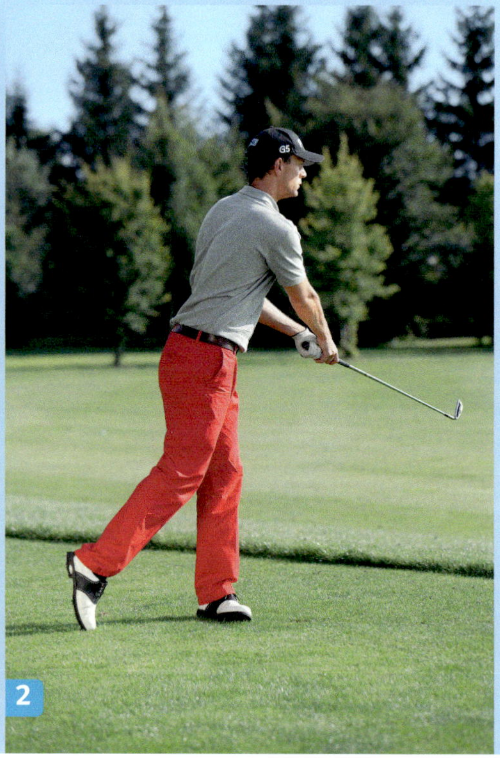

2

dere des Oberkörpers, so wie dies für alle Wurfbewegungen Voraussetzung ist. Das ist das eine. Ein weiterer Auslöser des »Sway« kann zudem zu schnelles Schwingen sein. Die natürliche Gewichtsverlagerung ist dann meist nicht mehr ausreichend zu kontrollieren. Charakteristisch ist in dieser Situation, dass das rechte Knie und die Hüften nach außen nachgeben.

Abhilfe

Abhilfe kann hier die Konzentration auf das rechte Bein oder besser noch auf das rechte Knie schaffen. Um dem »Sway« erfolgreich zu begegnen, muss es gelingen, dass das rechte Bein gleich einem Betonpfeiler alles Körpergewicht auf der Innenkante des rechten Fußes konzentriert hält. Um das entscheidende Gefühl dafür zu bekommen, schlagen Sie auf der Übungswiese Bälle, wobei Sie sich einen Ball unter die Außenkante Ihres rechten Schuhs in etwa auf Höhe des kleinen Zehs klemmen. Das ist fürs Erste kein besonders angenehmes Unterfangen, weil man sich dabei sehr bewegungseingeschränkt fühlt, aber es schafft sehr schnell die Vorstellung, wie ruhig der Körper im Gegensatz zum ausladenden »Sway« agiert. Auf dem Platz können Sie sich eines solchen Hilfsmittels natürlich nicht bedienen, da kommt dann am wirkungsvollsten der Schwunggedanke **Rechtes Knie rein** zum Tragen.

Schon beim Ansprechen des Balls wird das Knie bewusst leicht einwärtsgebeugt – und zwar so bewusst, dass Sie spüren, wie Druck auf der Innenkante Ihres rechten Fußes entsteht. Halten Sie diese Ankerstellung des rechten Beins bis zum Ende des Rückschwungs durch.

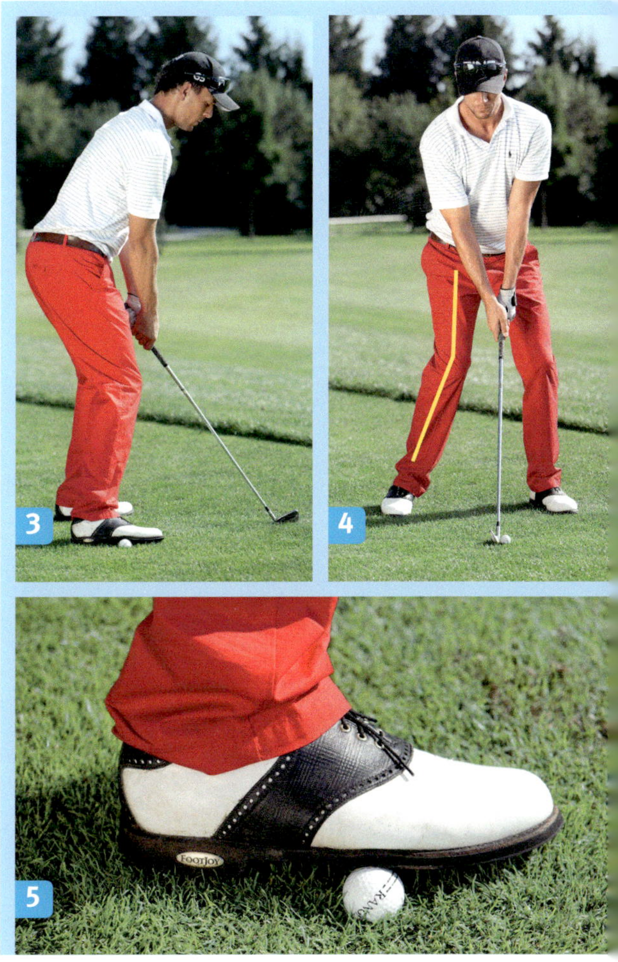

Mit dem »sway« kommt es zu einer Unwucht im Drehsystem (1, 2). Einfache Hilfen, dass die rechte Körperhälfte nicht ausbricht (3, 4, 5).

»Streck den linken Arm so weit es geht!«

Manchmal sagt die Körpersprache der Mitspieler mehr als die viel zitierten »tausend Worte«. Mitleid drückt sie aus und natürlich auch ein bisschen Genugtuung, weil Sie so kurz sind, und man selbst doch so auffallend länger. Woran das liegt, könnten sie – die »lieben« Mitspieler – nicht sagen, aber auffallend sei zumindest, dass in Ihrem Rückschwung alles so eng ausschaue, so irgendwie nicht frei und unbehindert.

Analyse

Eng und damit bewegungseingeschränkt ist ein Rückschwung immer dann, wenn die Schultern nicht ausreichend gedreht und die Arme mit dem Schläger mehr oder weniger nur hochgehoben werden. Ein Ladeprozess im Sinne des erforderlichen Energieaufbaus findet nicht statt, mit der Folge kraftloser Schläge.

Was die so entscheidende Schulterdrehung anlangt, können Sie genauere Empfehlungen auf Seite 38 (»Dreh die Schultern!«) nachlesen. Hier geht es jetzt darum, Ihnen eine Initialzündung für eine gute Schulterdrehung vorzustellen.

Man muss mit Golf gar nicht unbedingt etwas am Hut haben, um zu erkennen, mit welcher Bewegung ein Energieaufbau erfolgt und wo andererseits so agiert wird, dass von einem körperlichen Einsatz kaum gesprochen werden kann.

Stellen Sie sich in der Ansprechhaltung vor einen der großen Spiegel auf Ihrer Driving Range und beginnen Sie Ihre Rückschwungbewegung, indem Sie sich darauf konzentrieren, Ihren linken Arm so weit es geht nach rechts – nicht nach rechts hinten!, einfach nur nach rechts – zu strecken, ohne dabei zu schwanken (»Sway«)!

Achten Sie auf Ihre Schultern und Sie werden feststellen, dass sich diese dabei geradezu hervorragend zurückdrehen.

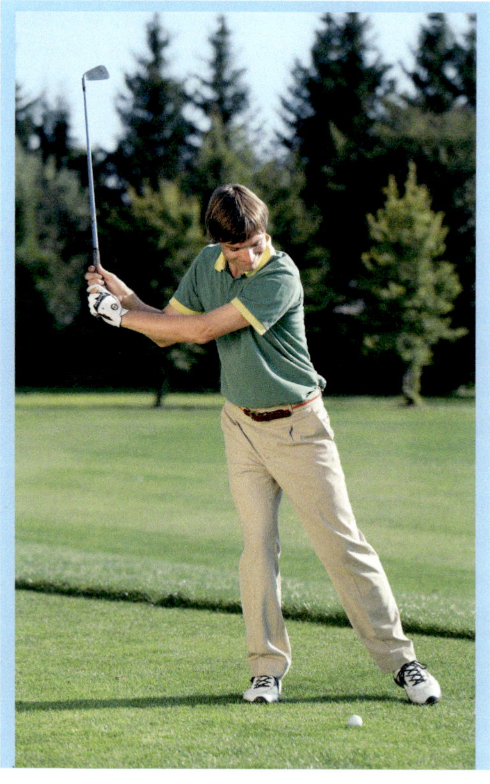

Damit Sie sich selbst besser mit der Bewegung vertraut machen, sollten Sie dieses sogenannte Radiusmachen ohne Schläger versuchen. Stellen Sie sich vor, einem rechts von Ihnen stehenden Spieler die linke Hand zu reichen, ohne auf ihn zuzugehen. **Strecken Sie** ihm **Ihren linken Arm** hin, und zwar **so weit es geht.**

Tatsächlich müssen Sie spüren, dass sich mit dem betonten Strecken der linken Körperseite eine deutlich wahrnehmbare muskuläre Anstrengung verbindet. Bewegen Sie den Arm, wenn Sie mit dieser Übung beginnen, nicht über Hüfthöhe hinaus. Das Wiederholen von Vor-und-Zurück wird Ihnen das Gefühl dafür vermitteln, ob der Auslöser für die Bewegung Ihre linke Hand ist, welche die rechte zur Seite schiebt, oder ob der Impuls etwa von der linken Schulter kommt.

So ganz »nebenbei« werden Sie feststellen, dass, wenn Sie das Ganze mit dem Schläger machen, das von allen Ratgebern geforderte »low and slow« zu Beginn des Rückschwungs mit dem Radiusmachen in enger Verbindung steht. Sie werden staunen, wie der weite Schwungbogen Ihren Energieaufbau und damit Ihre Längen verbessert.

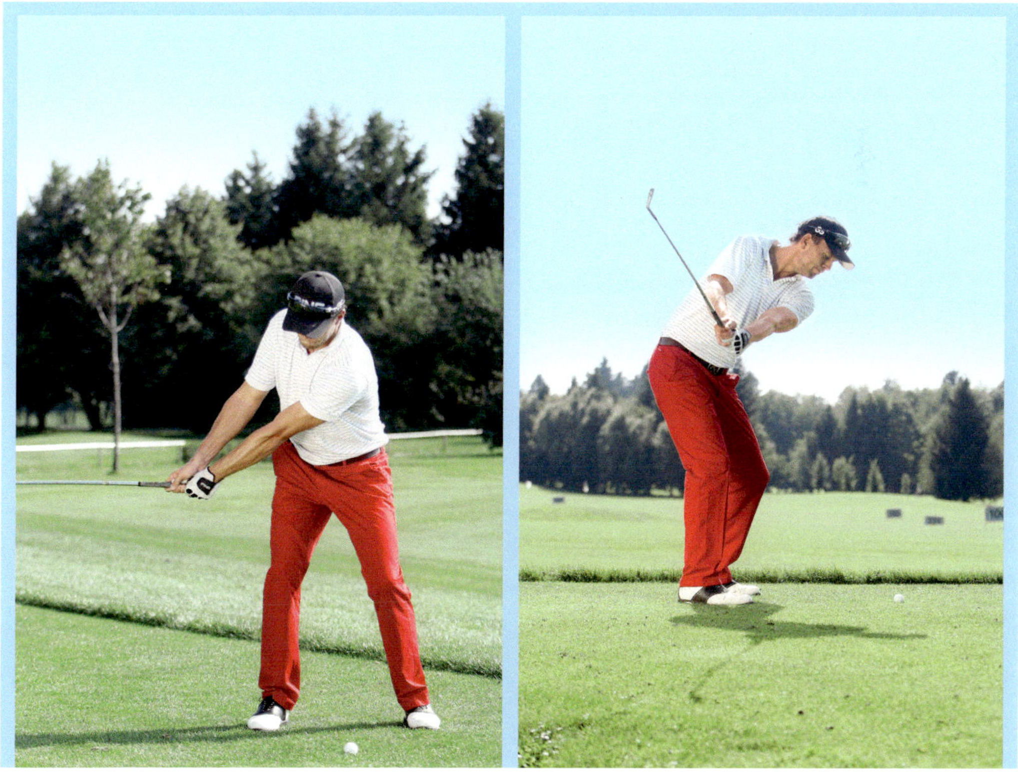

Drehen = Kraft

Schon einfache, natürliche Drehbewegungen verlangen dem Körper einiges ab. Besonders wenn man versucht, so weit zurück zu drehen, bis es nicht mehr weiter geht. Wenn es dann erst um die golfspezifische Drehung geht, den »pivot«, bei dem die Drehung um eine ruhig gehaltene Achse stattfindet, ist das mit spürbarer körperlicher Arbeit verbunden, und ein deutliches Ziehen in der Muskulatur ist die Folge.
Weil das Drehen im Golfschwung so zentrale Bedeutung hat, hier noch einige weiterführende Anmerkungen dazu:

- Drehen Sie Ihre Schultern immer so weit es geht zurück – unter Berücksichtigung Ihrer körperlichen Möglichkeiten.
- Am korrekten Aufdrehen müssen Sie ständig arbeiten.
- Schon geringe Verbesserungen bei der Schulterdrehung führen zu sichtbaren Erfolgen.
- Ganz wichtig zu wissen! Verunglückte Schläge haben ihre Ursache fast immer in mangelhaftem Aufdrehen.
- Ihr Körper muss sich stets daran erinnern können, wie es sich anfühlt, wenn Sie sich richtig aufgedreht haben.
- Das Aufdrehen ist wesentlicher Baustein für Stil und Form des Schwungs.
- Mit dem richtigen Aufdrehen schlagen Sie zwei Fliegen mit einer Klappe: Sie legen den Grundstein für Länge **und** Genauigkeit.
- Je besser Sie sich aufdrehen, umso flüssiger und eleganter wird Ihr Schwung.

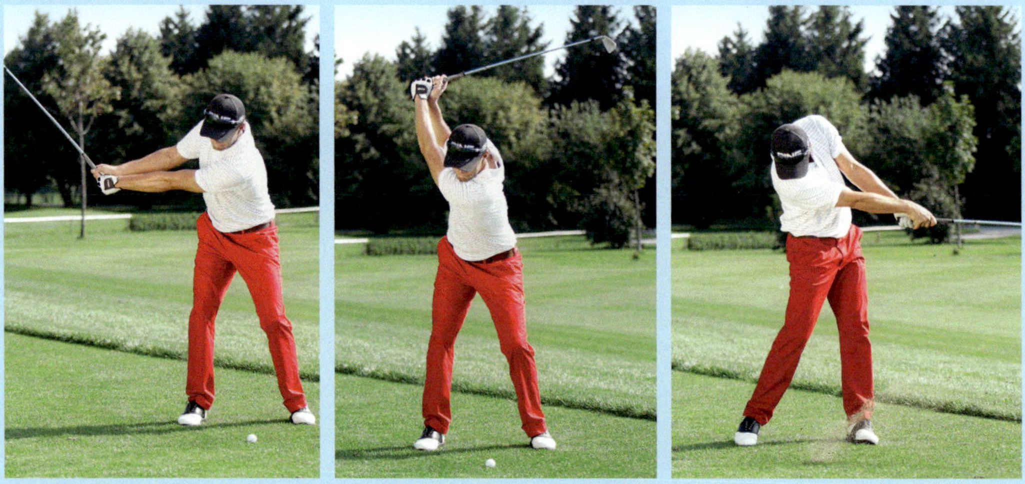

Wenn Athletik, Kraft und Technik zusammenspielen, sind Schläge möglich, die den Ball zum Beispiel mit einem 7er-Eisen 170 Meter weit befördern.

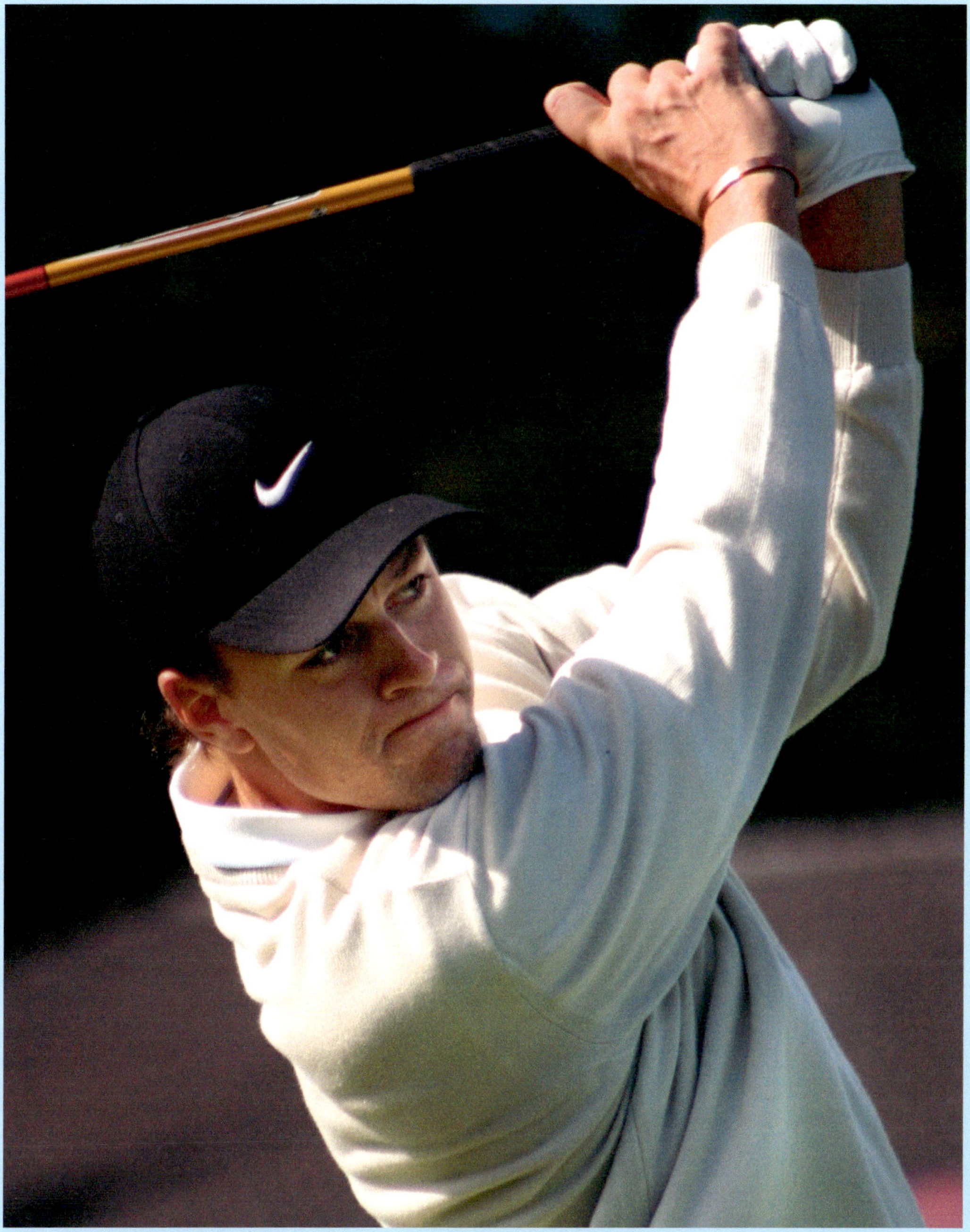

Hier spiegelt sich alles, was Golf so faszinierend macht: Körper und Geist in harmonischem Zusammenspiel.

»Vorsicht – Mauer!«

Wenngleich unsichtbar, ist doch die Wirbelsäule die Achse in unserem Drehsystem. Am Boden ist sie durch die Füße fest verankert. Hier ist sie unverrückbar. Das obere Ende der Achse bildet der Kopf, und der ist bei Leibe nicht von vornherein fixiert. Er muss von Ihnen willentlich ruhig gestellt werden, weil sonst, wie sich leicht vorstellen lässt, die Drehbewegung eine Unwucht erfährt. Präzision – Fehlanzeige.

Ohne eine ruhig gehaltene Achse kann ein korrekter Golfschwung nicht gelingen. Widersetzen Sie sich daher Ihrem natürlichen Bewegungsdrang, sich nach vorn in den Schwung zu werfen. Wenn Ihnen das Ruhighalten gelingt, ist das ein erster Schritt, bewusst hinter dem Ball zu bleiben. Ein Imperativ guten Golfs.

Die imaginäre Mauer

Stellen Sie sich unmittelbar vor Ihrer linken Körperseite eine Mauer vor. Wenn Sie nur ein klein wenig nach vorn schwanken, haben Sie die Steine im Gesicht. Kein geringerer als Nick Faldo rät zu diesem zugegebenermaßen etwas drastischen Bild. Versuchen Sie sogar zu übertreiben, indem Sie vor dem Treffen des Balls Ihren Oberkörper nach hinten bewegen, sich dabei – bildlich gesprochen – vom Ball wegstemmen. **Vorsicht – Mauer!** ist der Schwunggedanke.

Der Erfolg? Ihre Bälle werden sofort gerade oder zumindest gerader und, weil Sie hinter dem Ball bleiben, auch länger.

Wenn es für Sie schwierig ist, eine solche Oberkörperbewegung bewusst zu steuern, so versuchen Sie das Ganze über die Augen, die den Ball deutlich länger als gewöhnlich und auch intensiver fixieren müssen. Um dies zu ermöglichen, darf sich der Oberkörper während des Vorschwungs lange Zeit nicht oder nur wenig bewegen.

Die Angst vor der Mauer hat zweifelsohne mehrere sehr positive Auswirkungen auf Ihre Schwungtechnik. Sie halten die Körperachse ruhig und bleiben deshalb im Treffmoment hinter dem Ball, was, wenn Sie sich dessen erst einmal wirklich bewusst werden, ein ungeahntes golferisches Hochgefühl erzeugt.

Das aber ist noch nicht alles: Die Mauer nämlich lässt nicht zu, dass Sie sich schon kurz nach dem Treffen des Balls nach vorn bewegen. Es kommt zur Streckung der beiden Arme im »follow through«, einer weiteren wichtigen Zentralbewegung im Schwunggeschehen. Schauen Sie sich dazu auf Seite 44 die rechte Abbildung an.

Hier ist die Mauer nah am Kopf. Sie sollten sie bei all Ihren langen Schlägen unbedingt gedanklich im Kopf haben.

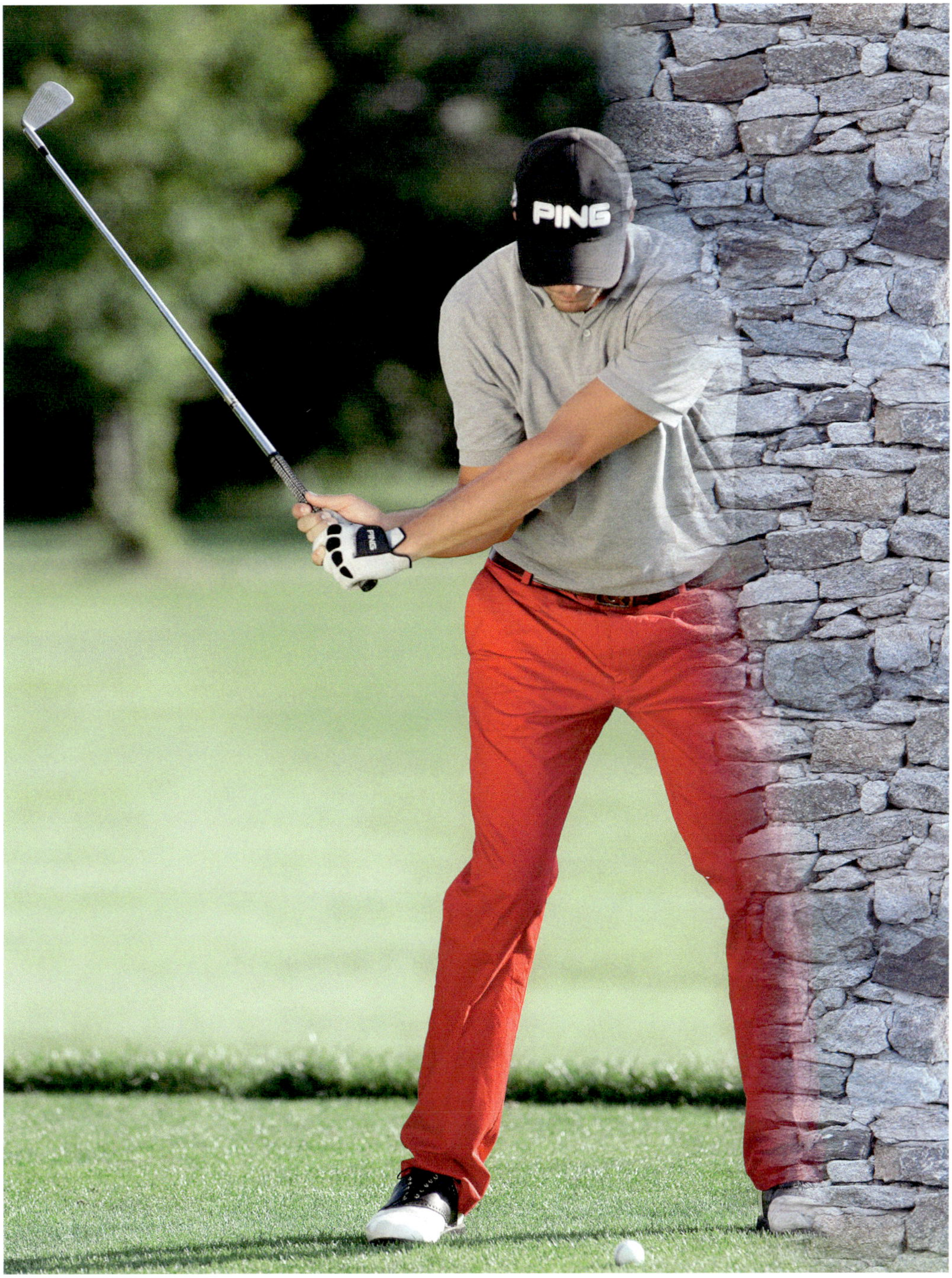
PING

»Schau auf Deine Glückszahl!«

Die Kopfhaltung spielt in allen Phasen des Golfschwungs eine entscheidende Rolle. Am wichtigsten ist, dass mithilfe des Kopfes das »Hinter-dem-Ball-Bleiben« sichergestellt werden kann. Wenn sich beim Vorschwung Ihr Körpergewicht durch die Bewegung der Hüften nach vorn verlagert, müssen Sie dafür sorgen, dass nicht auch der Kopf dieser Bewegung nach vorn folgt. Würde der Kopf mitgehen, wäre dies das Ende der im Rückschwung so mühsam aufgebauten Körperspannung. Diese Spannung muss im Vorschwung so lange wie möglich aufrechterhalten bleiben.

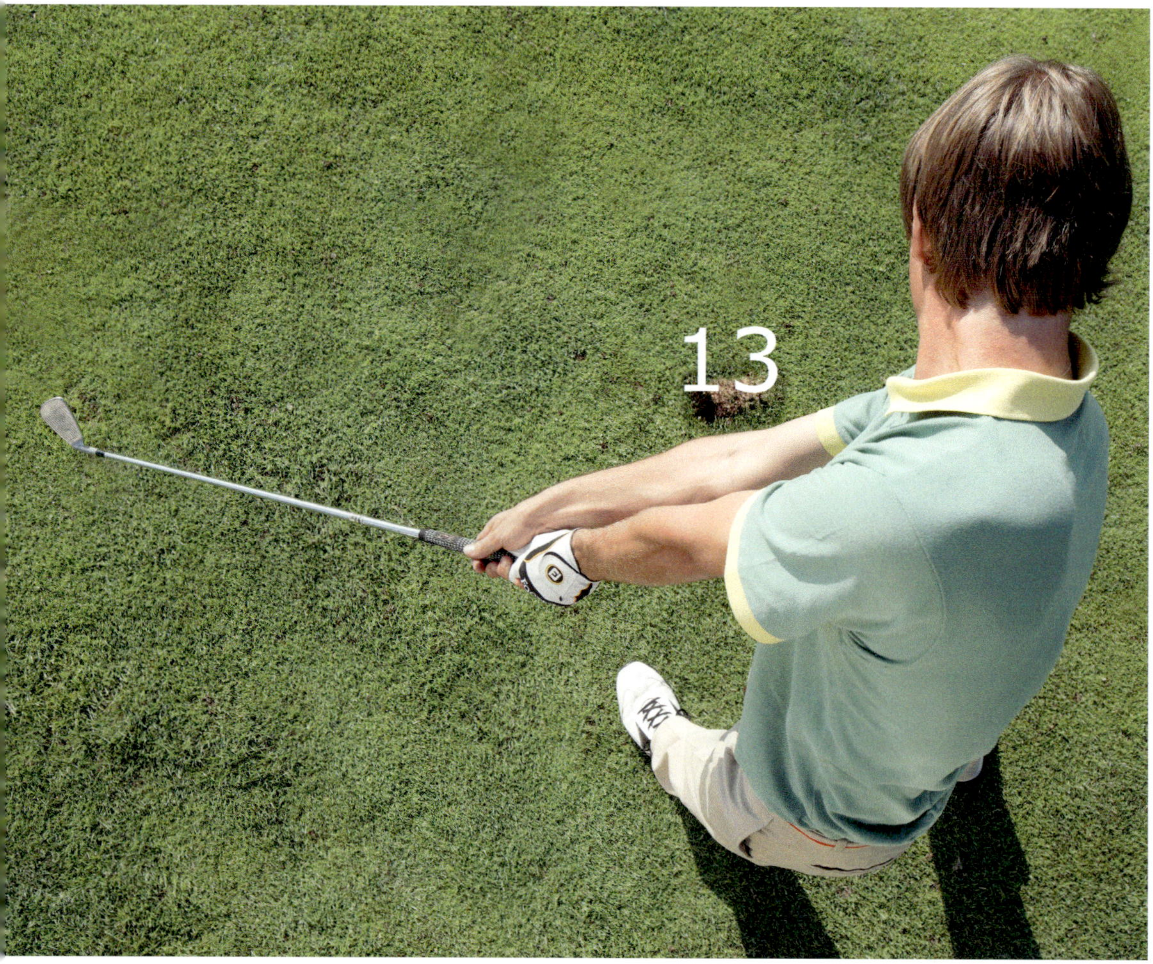

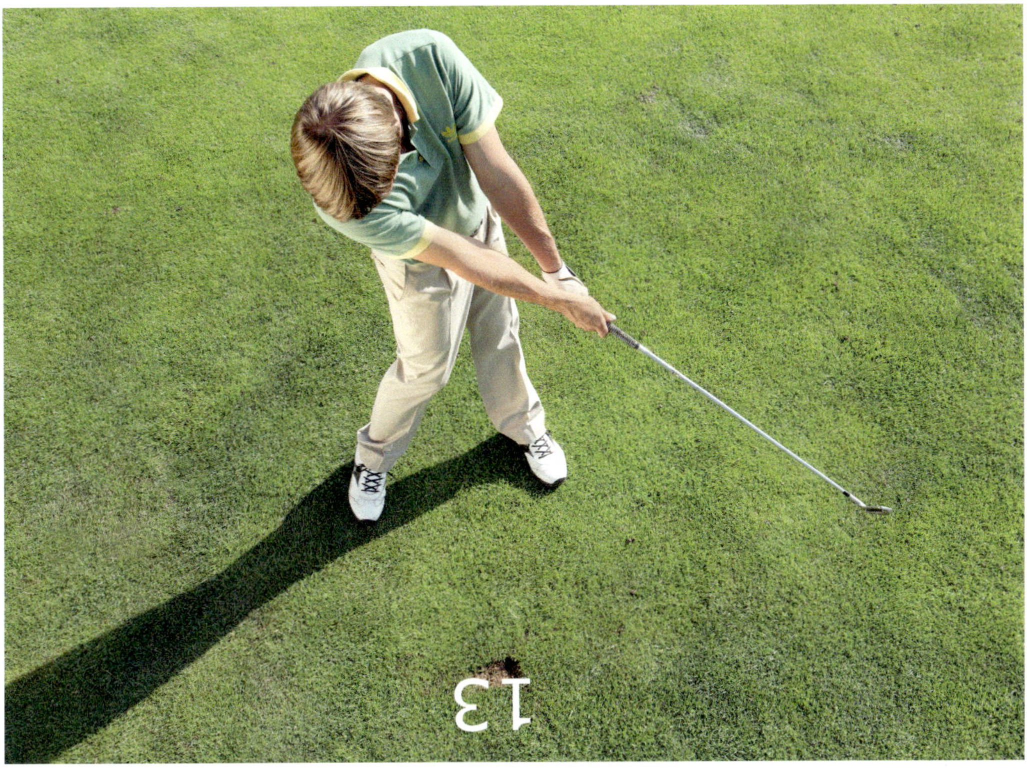

Wie viel eine bewusst eingehaltene Position des Kopfes im Schwunggeschehen ausmacht, ist am »follow through« zu erkennen, jener Phase im Schwung, wo für kurze Zeit beide Arme gestreckt sind. Ausdruck kraftvoller und präziser Schläge.

Das ist eine maßgebliche Voraussetzung für das Erzielen kraftvoller Golfschläge und hoher Schlägerkopfgeschwindigkeiten.

Den Kopf dort zu belassen, wo er am Ende des Rückschwungs war, bedeutet, während des Vorschwungs stets **hinter dem Ball** zu bleiben. Ein in seiner Bedeutung für einen technisch guten Schwung nicht hoch genug einzuschätzender Faktor.

Wenn Ihr Kopf – um es noch einmal zu wiederholen – schon sofort nach Beginn des Vorschwungs mit nach vorn geht, kommen Sie »über oder sogar vor den Ball«, was für jedermanns Spiel absolut tödlich ist.

Bobby Jones, der berühmteste amerikanische Spieler der 1930er Jahre, hat dazu geraten, alles daranzusetzen, im Treffmoment unter den Ball zu schauen, so, als könne man dort die **Glückszahl** für einen Kasinobesuch ergattern. Im Treffmoment, sagt er, sei ja das gesamte Körpergewicht schon vor dem Ball, der Kopf aber müsse eisern hinter ihm bleiben.

»Halt Dich an die Schlägerhaube«

Schon in der Ansprechposition lässt sich Entscheidendes für eine korrekte Position des Kopfes tun. Bewerkstelligt wird dies in erster Linie durch die Schultern. Wenn die rechte Schulter, wie hier zu sehen, tiefer steht als die linke, sind quasi automatisch Ihre Arme in der korrekten Position und so auch der Kopf: **hinter dem Ball**, wo er dann auch den gesamten Schwung über bleiben sollte. Achten Sie darauf, dass Sie vor lauter Konzentration auf die Kopf-/Ball-Stellung nicht Ihr Kinn zu sehr auf die Brust sinken lassen (passiert häufig). Eine gute Schulterdrehung wird damit unmöglich.

Die Abbildungen stellen Ihnen eine einfache Methode vor, wie Sie Ihre Kopfstellung kontrollieren können. Behalten Sie während Ihrer gesamten Schwungbewegung die Schlägerhaube in Ihrem Blickfeld. In Ihren Augen muss diese **Haube für den Kopf** immer die gleiche Position behalten. Wenn sich Ihr Kopf bewegt, würden Sie dies unmittelbar feststellen.

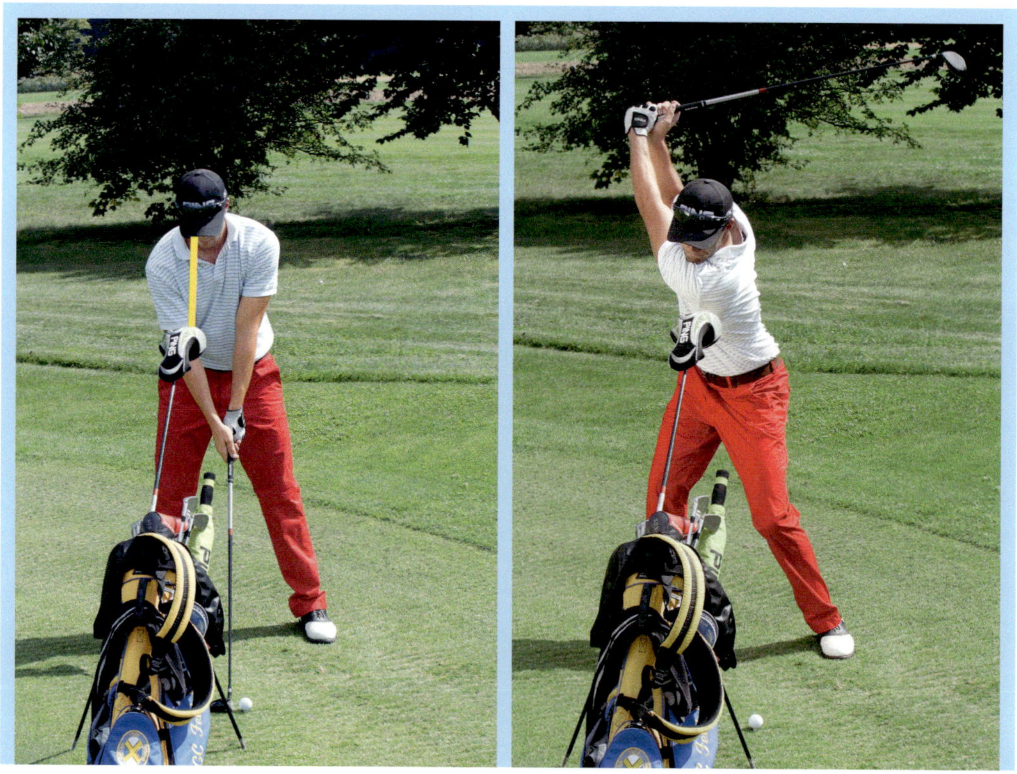

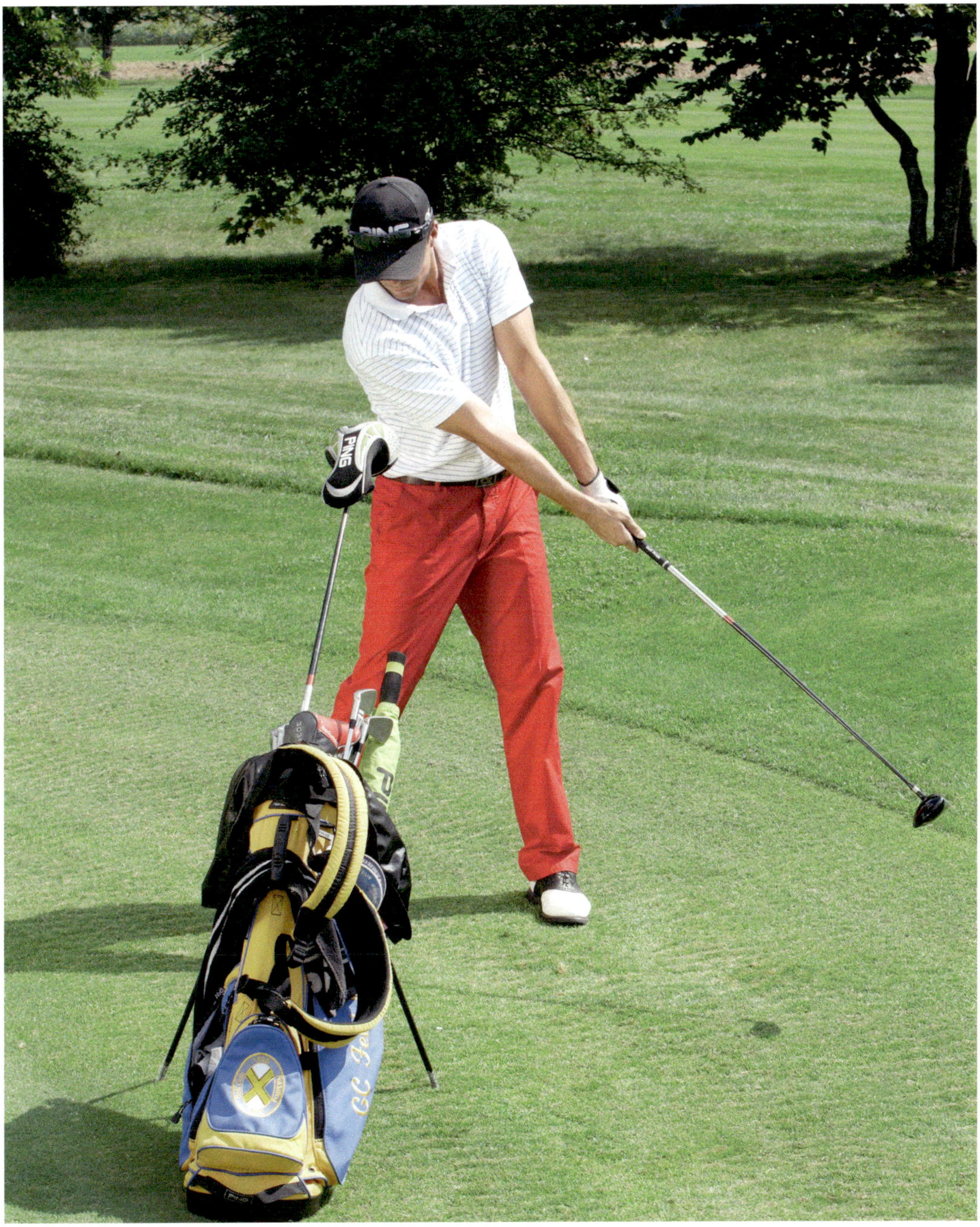

Versuchen Sie es und Sie werden sehr schnell feststellen, wie schwierig es ist, die Körperachse ruhig zu halten. Verlässlich gute Golfschläge stellen höchste Ansprüche an die Bewegungsdisziplin.

»Rechts betonen!«

Sie sind ein guter Spieler mit den Eisen. Ihre Schläge sind kraftvoll, die Bälle gerade, der Ballkontakt solide. Nur mit den Hölzern und speziell mit dem Driver will es nicht so recht klappen. Da produzieren Sie regelmäßig den ungeliebten Slice, und Sie fragen sich zu Recht, warum es auf der einen Seite so gut klappt und Sie sich aber auf der anderen Seite mit einem Anfängerfehler herumschlagen müssen.

Analyse

Die Voraussetzung für gutes Eisenspiel ist eine relativ steile Schwungebene. Offensichtlich ist Ihnen diese zu eigen, sonst würden Sie ja nicht so gut mit Ihren Eisen umgehen. Ein triftiger Grund, warum Sie mit den Hölzern nicht so erfolgreich sind, liegt wahrscheinlich darin, dass Sie auch mit diesen ähnlich steil agieren.

Mit einem Driver in der Hand müssen Sie im Unterschied zu den Eisen darauf achten, Ihr Körpergewicht nicht zu früh nach vorn zu verlagern, weil Sie sonst Probleme haben, den Schlägerkopf »square« an den Ball zu bringen. Beim Driver, so sagt man landläufig, muss man sich einfach mehr Zeit lassen.

Wenn Sie glauben, dass diese Analyse auf Sie zutrifft, könnten die im Folgenden vorgestellten Schwunggedanken Abhilfe schaffen. Experimentieren Sie!

- Mit dem **Kopf** den gesamten Schwung über betont **hinter dem Ball** zu bleiben, trägt sicherlich auch dazu bei, nicht zu früh mit dem gesamten Gewicht nach vorn zu kommen.
- Vielleicht noch wichtiger ist in diesem Zusammenhang, dass Sie Ihren Unterkörper weniger aktiv einsetzen. **Deaden your legs** ist die Empfehlung von Nick Faldo, die er für solch eine Situation bereithält.
- Versuchen Sie, Ihr Körpergewicht ein wenig länger auf dem rechten Bein zu belassen. Das erreichen Sie am besten, wenn Sie sich darauf konzentrieren, Ihre **rechte Ferse beim Vorschwung bewusst am Boden zu halten**. Interessant ist, was die Bewegungswissenschaftler im Versuchslabor von Titleist herausgefunden haben: Für »Longhitter« ist charakteristisch, dass sie darauf bedacht sind, ihr Gewicht besonders lang auf der rechten Seite zu halten. Es verlagert sich bei ihnen erst relativ spät nach vorn.

Manchmal spürt man die kleinen Unterschiede zwischen gut und nicht gut überhaupt nicht. Man meint, etwas zu tun, was man tatsächlich gar nicht macht oder man macht eine Bewegung, von der man sicher ist, sie nicht im Schwungrepertoire zu haben.

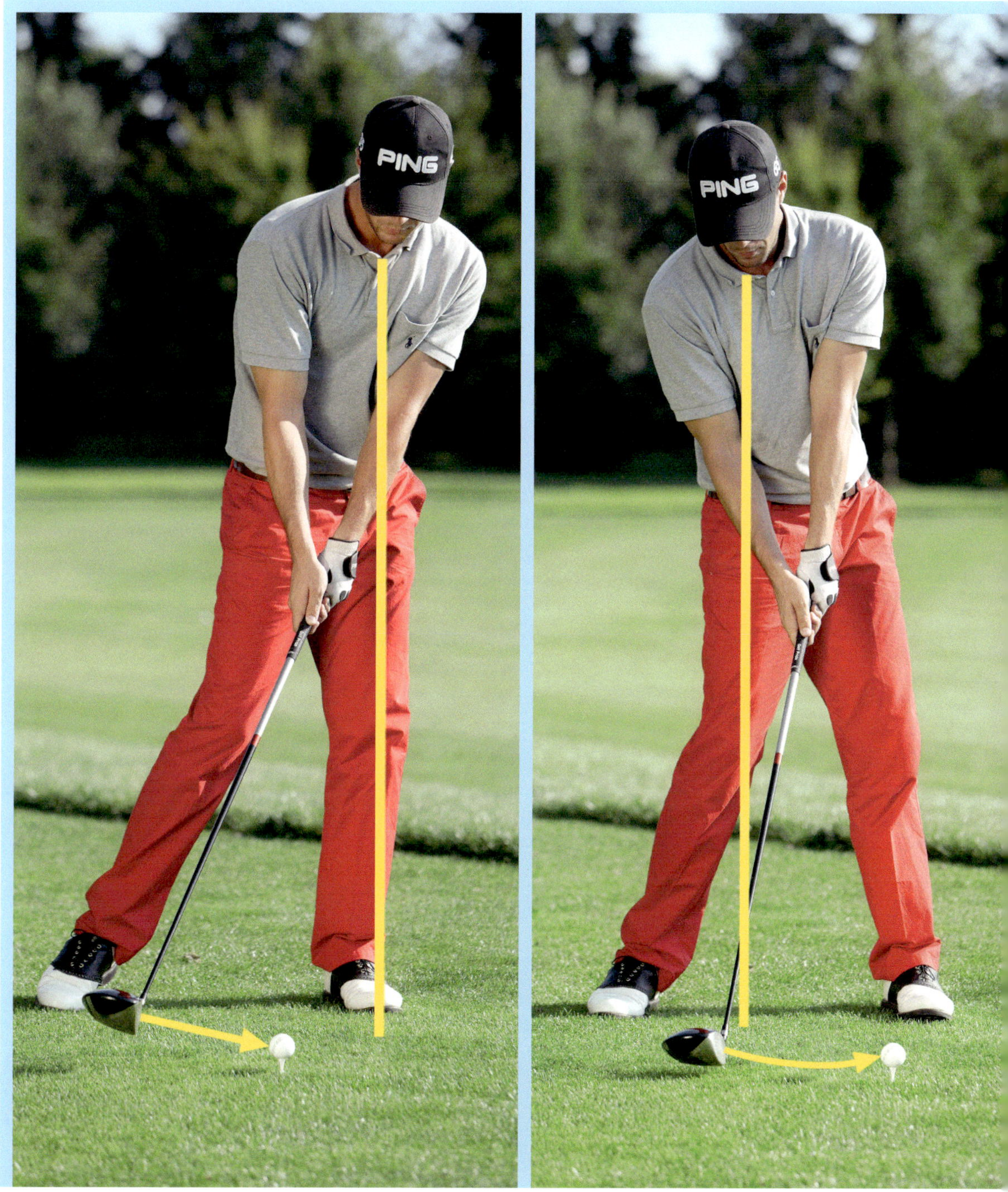
PING
PING

»Ball anschauen im Umkehrpunkt«

Sie sind geschockt. »Ich zeig Ihnen, wie Ihre Körperachse in Bewegung ist«, hat Ihr Golflehrer gesagt. Seine Videoaufnahmen waren der untrügliche Beweis. Wie jeder von uns, der sich zum ersten Mal auf dem Bildschirm sieht, wollten Sie gar nicht glauben, dass Sie das sind, der hier so schwungvoll zu Werke geht. Und das Tüpfelchen auf dem i war dann der wohl eher gut gemeinte Kommentar: »Wenn wir das nicht in den Griff kriegen, dann wird das nix mit der Handicapverbesserung in diesem Jahr«, wobei Sie unterschwellig herauszuhören glaubten: »Golf ist für Sie der falsche Sport.«

Selbsthilfe

Um Ihren Golflehrer davon zu überzeugen, dass Sie gar nicht der »Filigran-Techniker« sind, für den er Sie im Augenblick noch

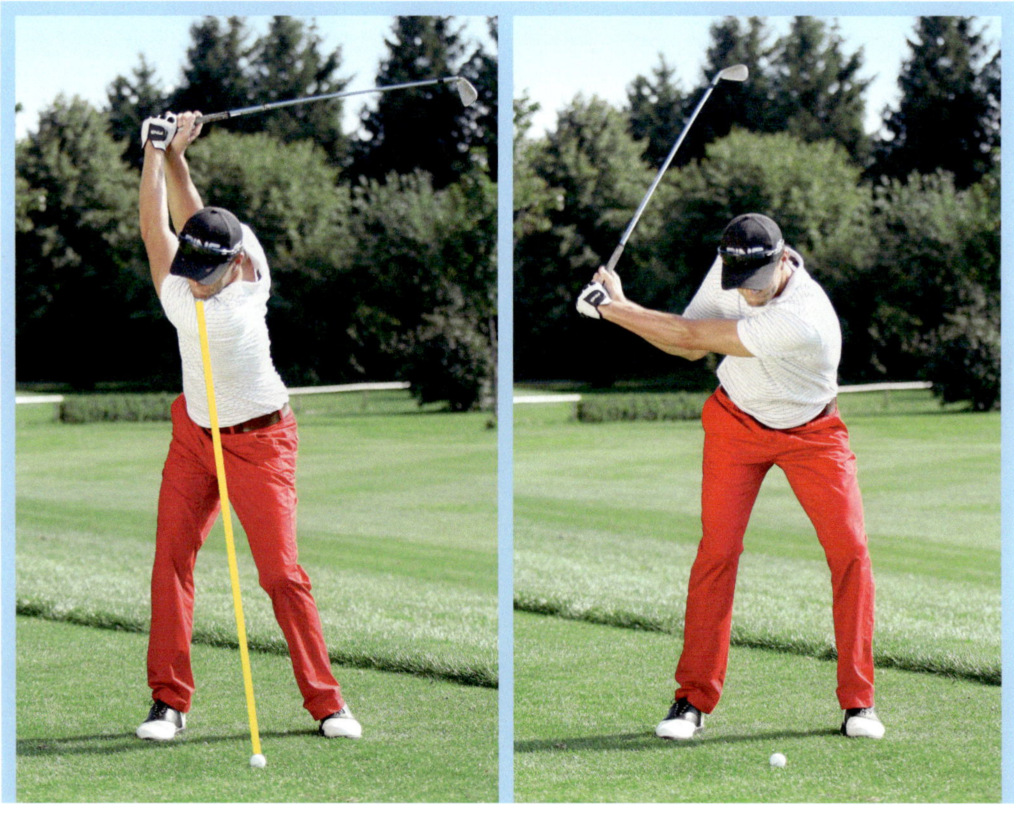

hält, arbeiten Sie an sich wie folgt: Einmal mehr konzentrieren Sie sich auf Ihren Kopf. Der kritische Moment, in dem der Kopf gewöhnlich seine eigenen Wege geht, ist genau der Punkt, wo sich der Rück- in den Vorschwung kehrt. Auf diesen Moment müssen Sie achten. Da den Ball nicht aus den Augen zu verlieren, ihn genau zu fokussieren ist mehr als die halbe Miete.

Ball anschauen

Den Ball während des Rückschwungs nicht aus den Augen zu verlieren ist relativ einfach. Sie sagen sich, schau ihn an, und dann klappt das in der Regel auch. Auffälligerweise allerdings nur so lange, bis der Rückschwung in den Vorschwung übergeht. Da bricht der Augen-Ball-Kontakt gewöhnlich jäh ab. Hauptsächlich, weil man sich mit dem gesamten Körper in den Schwung wirft und dabei die Körperachse dramatisch verschiebt oder weil sich jetzt die Konzentration beispielsweise auf die Arme, die Hände oder den Schlägerkopf richtet.

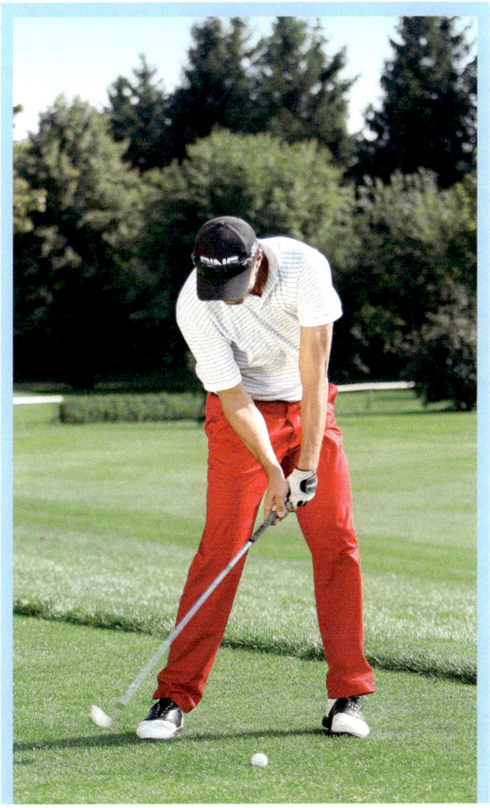

Wenn es Ihnen gelingt, den Ball tatsächlich so zu fixieren, dass Sie ihn im Umkehrbereich von Rück- zu Vorschwung nicht aus den Augen verlieren, sind Sie auf dem besten Weg, auch der zweiten ganz wichtigen Anforderung an den Kopf Genüge zu leisten. Den Kopf nämlich dort zu belassen, wo er am Ende des Rückschwungs war, bedeutet, während des Vorschwungs stets hinter dem Ball zu bleiben, und damit den Ball von hinten mit maximaler Schlägerkopfgeschwindigkeit attackieren zu können. Gerade in solch einer Situation können Sie an sich feststellen, wie Ihnen eine bewusste Verlangsamung des Schwungtempos helfen kann. Zwingen Sie sich, im Zeitlupentempo zu schwingen (ist vermutlich immer noch zu schnell), damit Sie alles auf die Reihe bringen können, was Sie sich vorgenommen haben.

Also: **Ball anschauen – vor allem und besonders und ganz genau und so bewusst und intensiv, wie es nur geht, und ich weiß nicht, wie noch –, wenn der Vorschwung beginnt.**

»Halt die Winkel!«

Seit einiger Zeit sind Sie unglücklich darüber, dass Sie Ihre Bälle gar nicht mehr gut treffen. Sie toppen, treffen sie also dünn, oft sehr dünn, oder zu fett, was sich u. a. an tiefen Divots zeigt, sehr zur Freude des Greenkeepers übrigens. Die Mimik der lieben Mitspieler spricht in solchen Momenten Bände.

Analyse

Der bei Weitem häufigste Grund für solchermaßen schlecht getroffene Bälle liegt in einer dauernden Veränderung Ihrer Körperhaltung während der gesamten Schwungbewegung. Videoaufnahmen würden zeigen, dass Sie zum Beispiel im Rückschwung oder

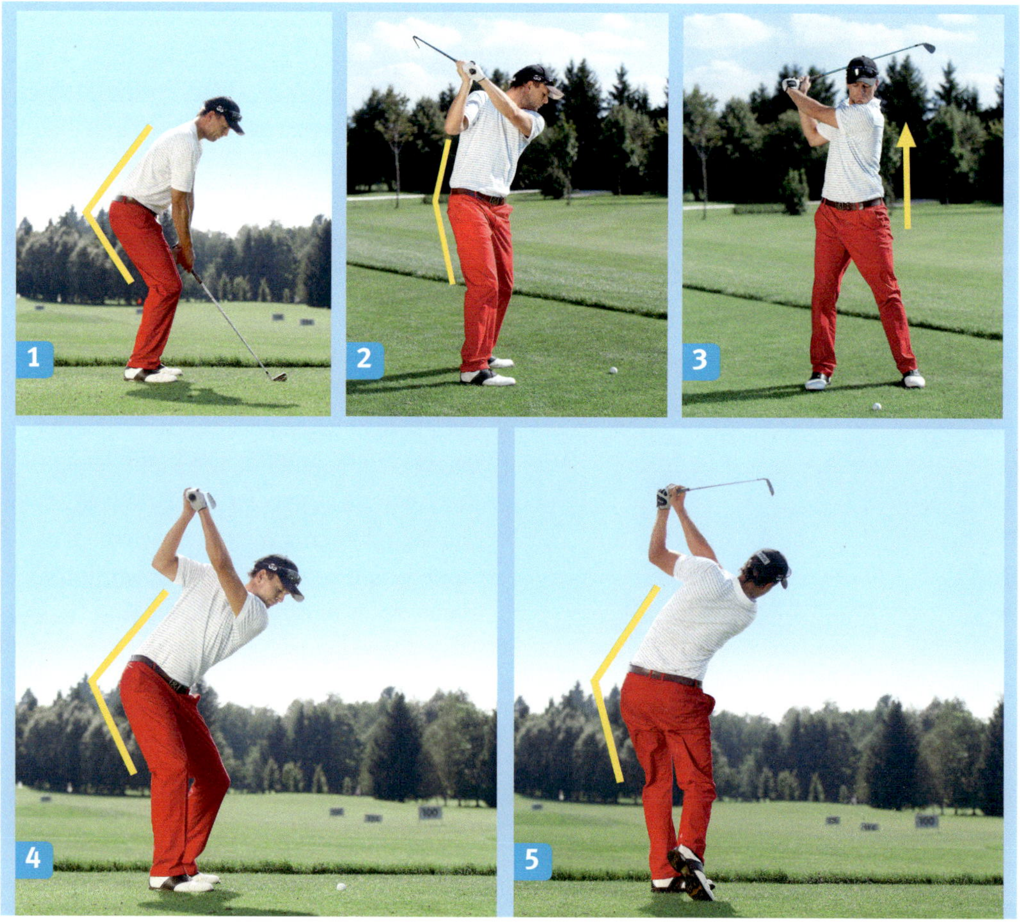

kurz vor dem Treffen des Balls aufstehen, wie es in der Fachsprache heißt (Abbildung 4, 5). Im Vorschwung bleiben Sie entweder »oben« und treffen folgerichtig dünn, oder Sie bewegen sich quasi als Ausgleichsbemühung über Gebühr nach unten. Sie kommen damit dem Ball zu nahe, mit der Folge fetten Treffens. Wenige Zentimeter so oder so reichen aus, um Schlimmes zu bewirken.

Die Bedeutung einer ordnungsgemäßen Ansprechhaltung wird hier offenkundig. Den Körper parallel zur Ziellinie auszurichten ist das eine, korrekte Körperwinkel das andere. Das Verhältnis also, das der Unter- zum Oberkörper einnimmt, wie Arme und Schläger zueinander stehen und bis zu welchem Grad die Knie gebeugt sind. Diese mit der Ansprechhaltung festgelegten Körperwinkel gilt es von Beginn des Rückschwungs an **eisern** aufrechtzuerhalten, bis nach dem Treffen des Balls (Abbildung 1, 2, 3). Das ist nicht leicht und bedarf großer körperlicher Disziplin.

Es ist von Spitzen-Pros, wie dem europäischen Ryder-Cup-Spieler Phillip Price bekannt, dass er wochenlang vornehmlich an der Konstanz seiner Körperwinkel gearbeitet hat. »Wichtiger als alles andere«, ist seine Überzeugung dazu.

Achten Sie einmal auf die Kriterien, die in Ihren Augen ausschlaggebend sind für einen technisch guten Golfschwung. Vielleicht sind Sie auch unserer Überzeugung, dass es die Einhaltung der mit der Ansprechhaltung gesetzten Körperwinkel während fast der gesamten Schwungbewegung ist. Erst im Finish werden diese aufgegeben.

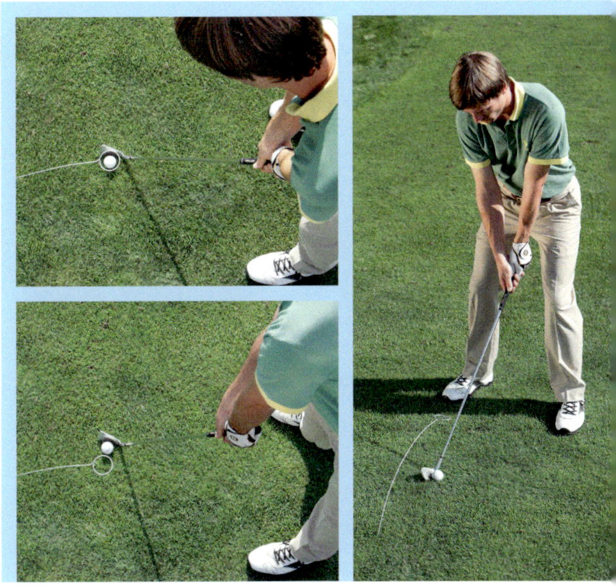

- Achten Sie im Rückschwung darauf, Ihr rechtes Knie nicht zu strecken. Das ist noch relativ einfach zu bewerkstelligen.
- Schwierig wird es – das aber ist das probate Mittel –, wenn Sie sich zwingen, den Augen-Ball-Abstand während des gesamten Schwungs konstant zu halten.

Wir demonstrieren (siehe die Abbildungen oben), wie der legendäre Tom Watson – »maintaining a constant spine angle is my No. 1 swing key« – diesbezüglich an sich gearbeitet hat: Es ist nicht in Ordnung, wenn sich der Ball nach oben oder unten und damit aus dem Zentrum der Drahtschlinge bewegt. Das nämlich bedeutet, dass sich die Körperwinkel verändern, was zu dem geschilderten schlechten Treffen des Balls führt.

Was wir Ihnen zur Achse bzw. Wirbelsäule noch mit auf den Weg geben können

Sicherlich verbergen sich in diesen weiterführenden anatomischen Betrachtungen gute Möglichkeiten für Sie, eine Reihe eigener Schwunggedanken zu entwickeln.

- Die Rumpfbeugung nach vorn und ihre strikte Beibehaltung während des gesamten Schwungs sorgt dafür, dass die Wirbelsäule zur kreisförmigen Bewegung des Schlägers einen annähernd rechten Winkel bildet. Ein solches rechtwinkeliges System ist optimal für das Erreichen hoher Schlägerkopfgeschwindigkeiten.
- Im Treffmoment ist die Wirbelsäule nach vorn mit 15 bis 20° über den Ball und gleichzeitig **weg (!)** vom Ziel gebeugt. Ist sie das nicht, kann die rechte Schulter nicht »down plane« gehen.
- Alle guten Spieler bewegen ihren Schläger **unter** der Wirbelsäule hindurch.
- Das schwierigste im Golfschwung ist »die Wirbelsäule für mehr als zwei Sekunden gebeugt zu halten«, sagt Ben Hogan.
- Das bewusste Ruhigstellen der Wirbelsäule erreichen Sie über Ihre Kopfhaltung. Schauen Sie auch dann noch auf den Ball, wenn er schon längst getroffen ist.
- Warten Sie so lange mit einer Veränderung der Kopfhaltung, bis die rechte Schulter im Vorschwung Ihr Kinn trifft und den Kopf ins Finish mitnimmt.

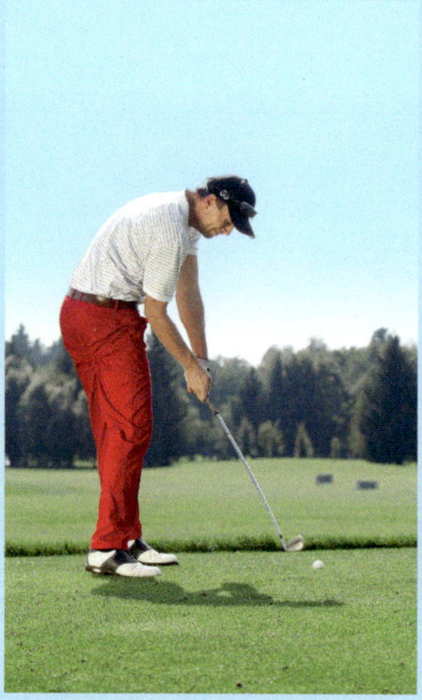
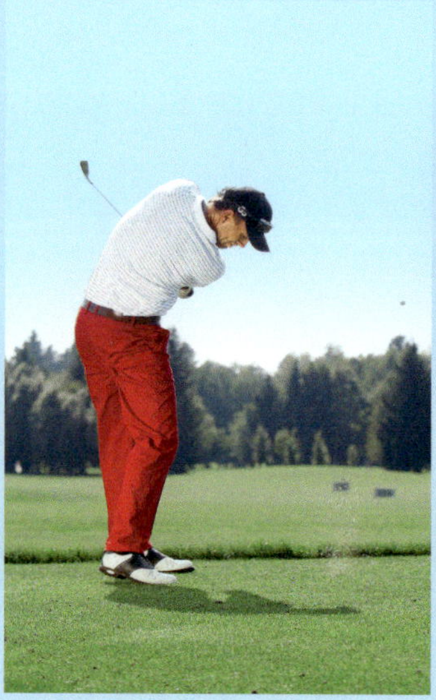
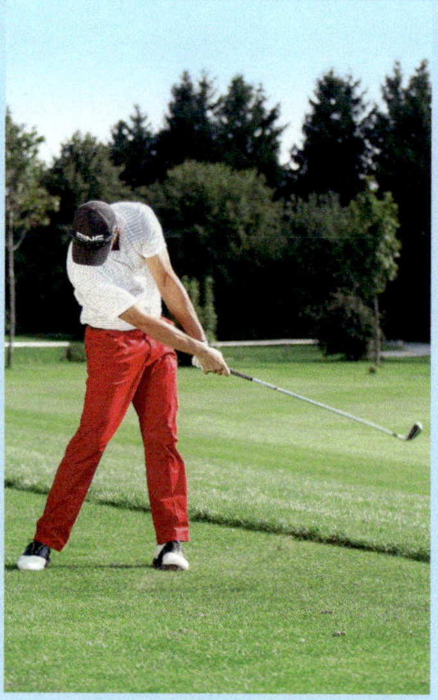

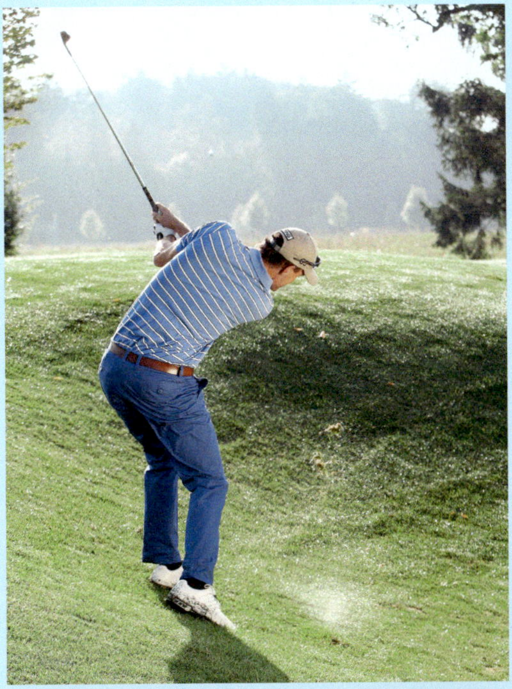

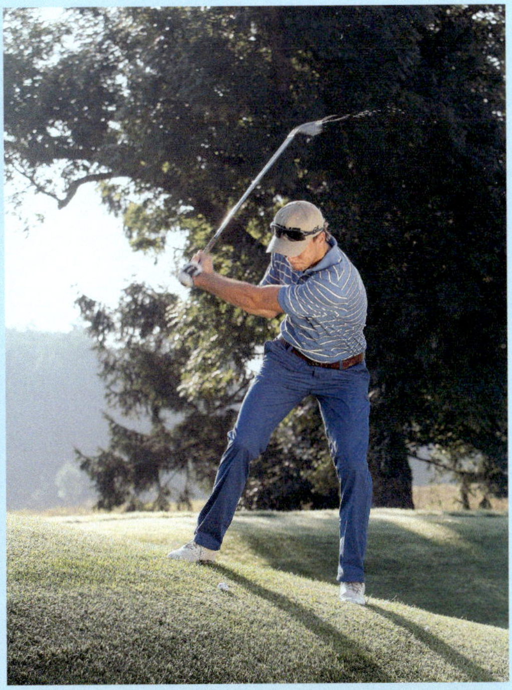

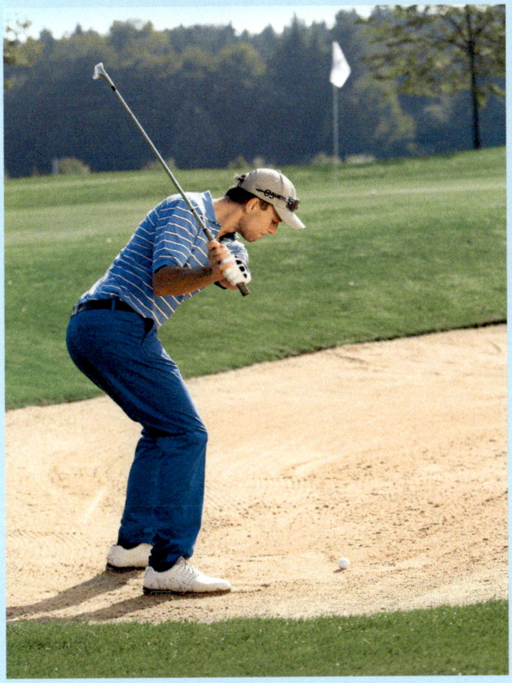

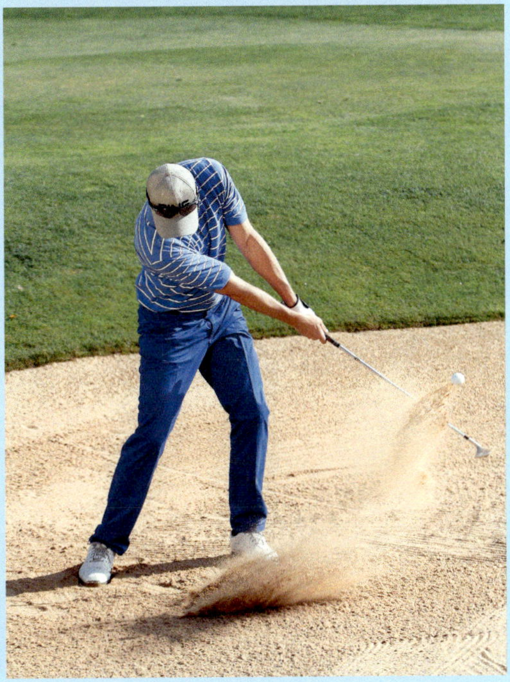

»Holz hacken!«

Ob Sie es glauben oder nicht – ein korrekter Golfschwung ist durch einen Kraftvektor charakterisiert, der **nach unten** in den Boden gerichtet ist (der Fachausdruck ist »down plane«) und nicht nach vorn aufs Ziel. Für maximale Schlägerkopfgeschwindigkeit muss sich der Schlägerkopf **nach unten**, nicht nach vorn bewegen. In einem wirklich guten Schwung folgt man daher der Vorstellung, den Ball in den Boden zu schlagen, wobei sich dabei das Gefühl einstellen sollte, dass der Ball im Treffmoment förmlich zusammen gepresst wird. Je größer die **nach unten** gerichtete Kraft ist, desto größer ist die Energie, die Ihnen für Ihren Schwung zur Verfügung steht.

Worauf müssen Sie Ihre Aufmerksamkeit richten? Ohne Frage darauf, dass die erste Bewegung nach Beendigung des Rückschwungs nach unten gerichtet ist und dass Sie diese vermittels der rechten Schulter steuern. **Zurück und runter** muss das Kommando lauten, das sie sich geben. Unter dem Steuerorgan rechte Schulter werden die Arme und Hände runter in Richtung auf das rechte Bein bewegt.

Moe Norman, der fraglos beste »ballstriker« aller Zeiten, hat auf die Frage nach dem Geheimnis seiner zentimetergenauen Schläge gesagt, er schlage immer mit der Vorstellung, den Ball mit seiner rechten

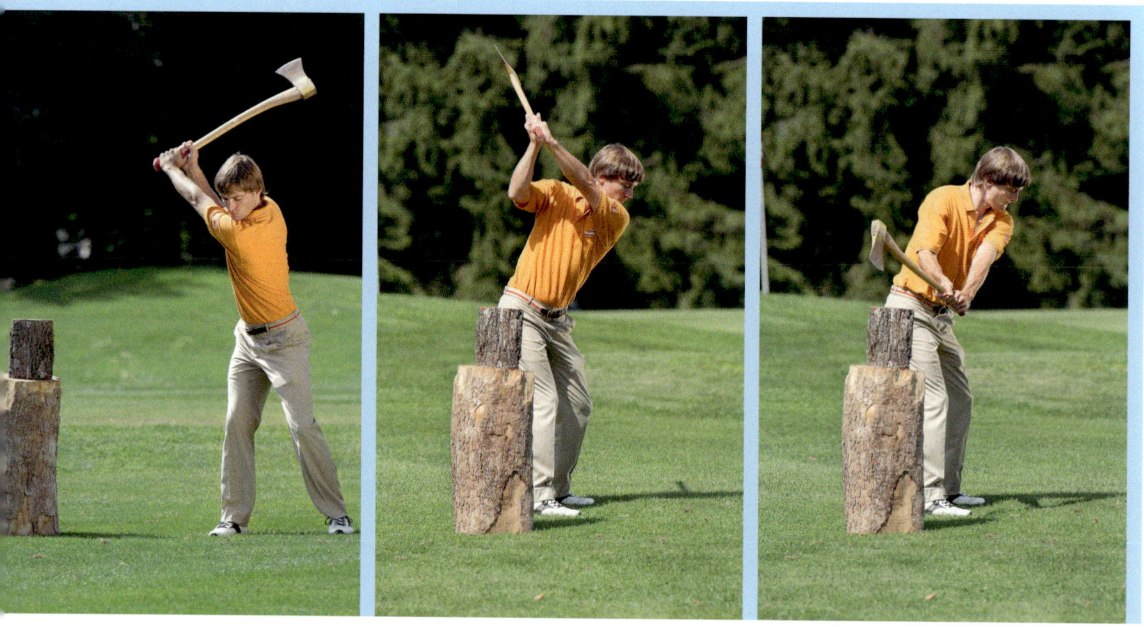

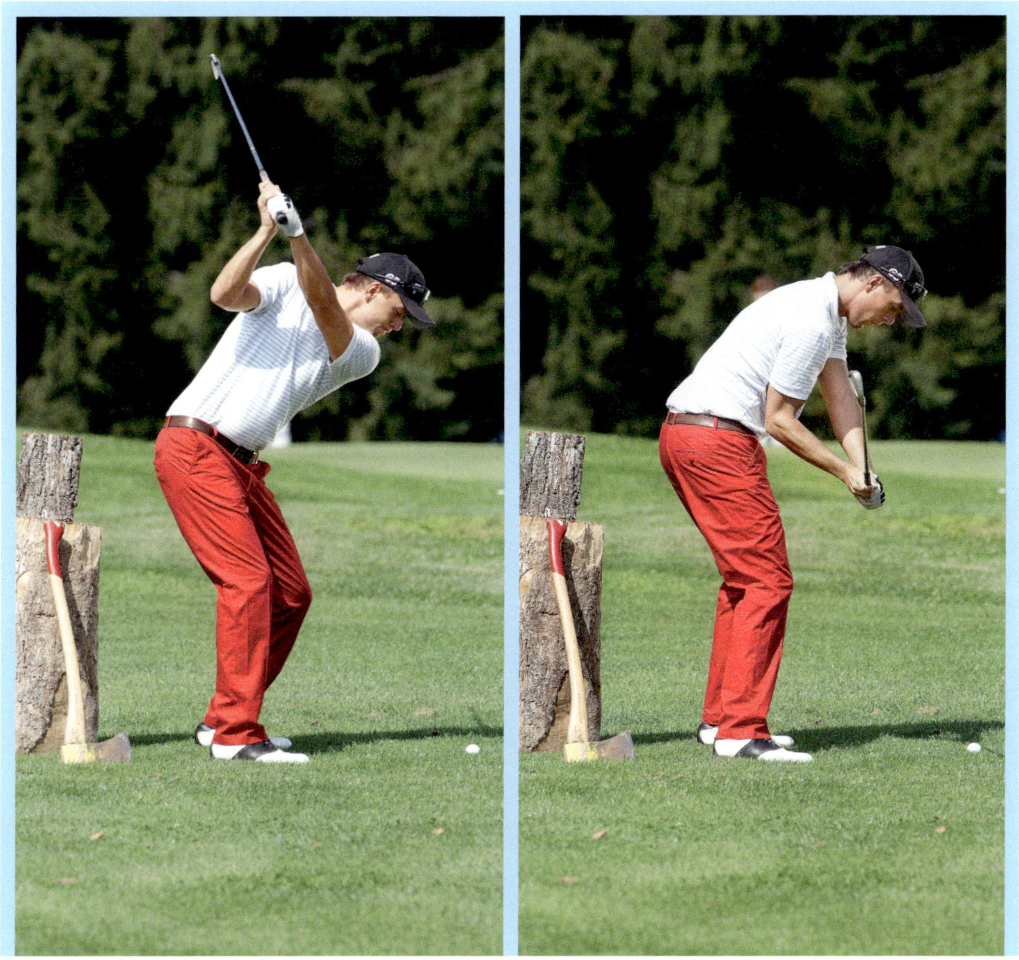

Schulter zu treffen. Zu diesem Konsens gehört das Bild vom Glockenläuten, das als Ratschlag jedem Spieler in seiner Karriere zu Ohren gekommen ist. Am Ende des Rückschwungs solle man ein imaginäres Seil ergreifen und senkrecht nach unten ziehen, worauf das Glockenspiel in Gang käme. Jack Nicklaus sagt es prosaischer: Die Schwungbewegung solle **unten durch** und nicht außen herum erfolgen.

Der für uns erfolgversprechendste Schwunggedanke ist der folgende:

Stellen Sie sich immer den Hackstock auf Höhe Ihres rechten Beins vor und **machen Sie vor Ihrem geistigen Auge Holz.** Jim Flick, einer der populärsten amerikanischen Golflehrer, empfiehlt seit langer Zeit diesen Schwunggedanken ganz nachhaltig.

»Die Schwerkraft soll mich unterstützen«

Immer wieder wird Ihnen nahegebracht, wie wichtig guter Rhythmus und angemessenes Schwungtempo für Ihr Golf sind. Wir alle bewundern jene Spieler, die mit ihren scheinbar mühelosen Schwüngen unglaubliche Längen erzielen. All diese wunderbaren und erfolgreichen Bewegungen haben einen entscheidenden Ausgangspunkt. Sie sind langsam. Langsam an der wohl wichtigsten Stelle des gesamten Schwunggeschehens. Da nämlich, wo sich der Schwung umkehrt. Am Beginn des Vorschwungs also.

Empfehlung

Es ist unerlässlich, dass die erste Bewegung nach unten betont langsam erfolgt, weil nur so die korrekte Bewegungsabfolge ihren Lauf nehmen kann. Der Schläger fällt dann quasi ganz natürlich in die richtige Schwungebene. Seve Ballesteros spricht in diesem Zusammenhang vom »hitting slot«. Wenn in diesen richtig eingefädelt werde, sagt er, sei alles gut. Was sind die Anzeichen dafür, dass dies gelingt? Sie sollten darauf hinarbeiten, ein Gefühl dafür zu bekommen, dass der Schläger unmittelbar nach dem Ende des Rückschwungs zusammen mit den Händen und Armen nach unten fällt. Ohne aktiven Krafteinsatz! Es sollte sich so anfühlen, als würde die **Schwerkraft** diesen Job für Sie übernehmen. Wenn dieses Einfädeln geglückt ist, können Sie alles Gas der Welt geben.

Bei den meisten von uns ist es ja so, dass man glaubt, kraftvolle Schwünge nur dann produzieren zu können, wenn gleich am Beginn des Vorschwungs dem Motto »volle Kraft voraus« gefolgt wird. Damit aber verlässt man die korrekte Schwungebene mit all jenen Folgen, die auf sämtlichen Golfplätzen der Welt täglich zu besichtigen sind. Wenn man dieses Missgeschick instinktiv zu korrigieren versucht, werden erfahrungsgemäß die so wichtigen Körperwinkel vorzeitig aufgegeben, und alle Energie verpufft an der falschen Stelle. Erinnern Sie sich, wie Sie als Kind versucht haben, Steine mit einer Wurfbewegung so aufs Wasser aufzusetzen, dass sie erst nach vielen Hüpfern untergehen. Dabei kam es darauf an, die Steine mit einer Art Unterarmbewegung zu werfen. Wenn Sie sich an diese erinnern, wissen Sie, wie Ihre rechte Körperseite, bevor Sie die Steine nach vorn beschleunigt haben, nach unten gegangen ist. Eine Bewegung, die der hier geschilderten golfspezifischen sehr ähnelt.

Langsam also beim Vorschwungstart.
Vertrauen Sie der Schwerkraft!

Vor allem durch den Gang des rechten Ellenbogens gut zu erkennen, wie man unter den geschilderten Voraussetzungen von innen an den Ball kommt.

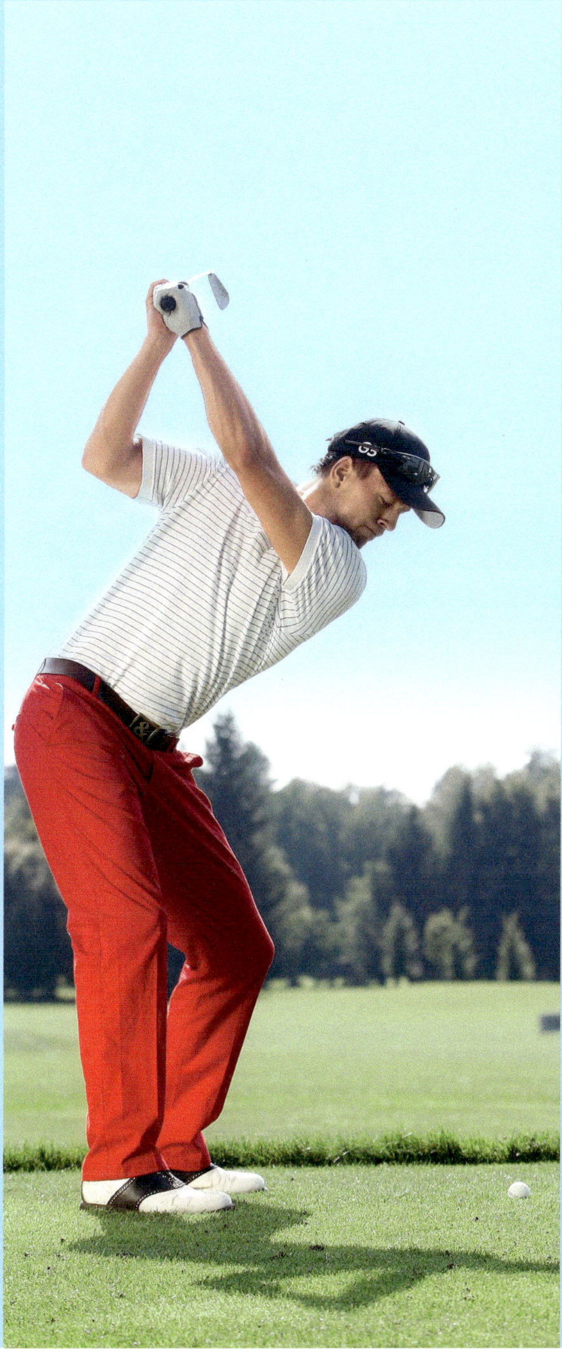

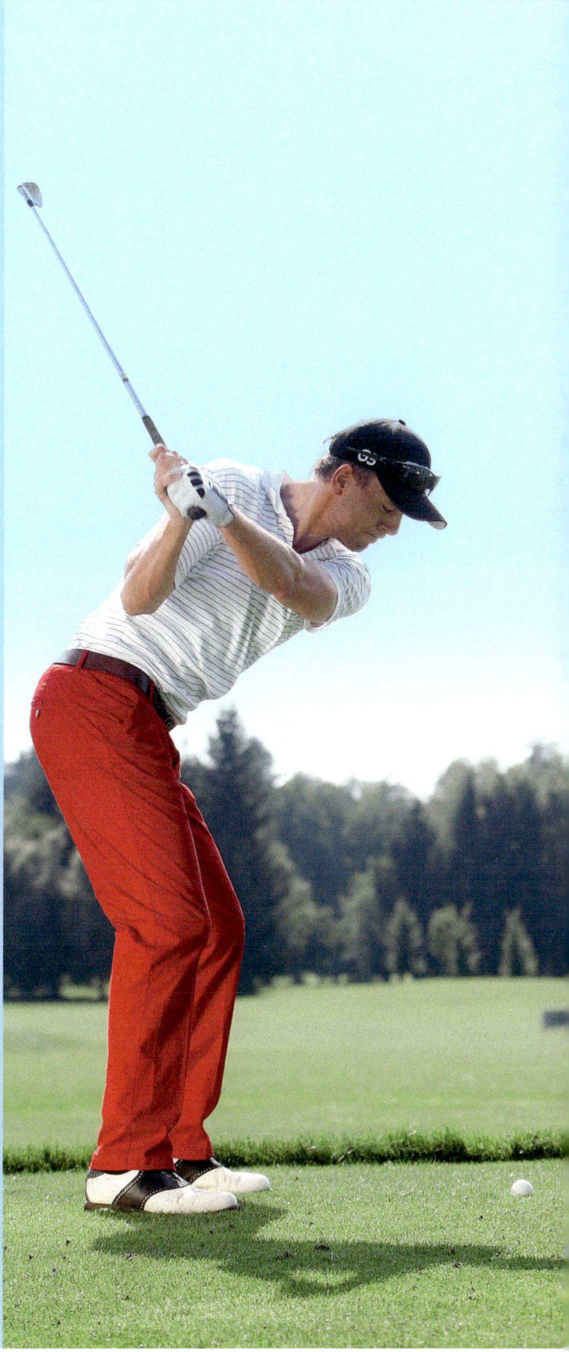

»Links zieht!«

Die Bewegungsgesetze lehren Folgendes: Zieh- und Stoßkräfte führen zu unterschiedlichen Ergebnissen – auch wenn sie gleich groß sind. Wenn eine Masse (Golfschläger) gezogen wird, richtet sich deren Bewegung automatisch in die Richtung aus, in die gezogen wird. Ziehkräfte stabilisieren eine Masse und halten sie damit ohne besonderen Aufwand in konstanter Richtung.

Wenn eine Stoßkraft auf eine Masse einwirkt, dann bewegt sich diese in die ge-

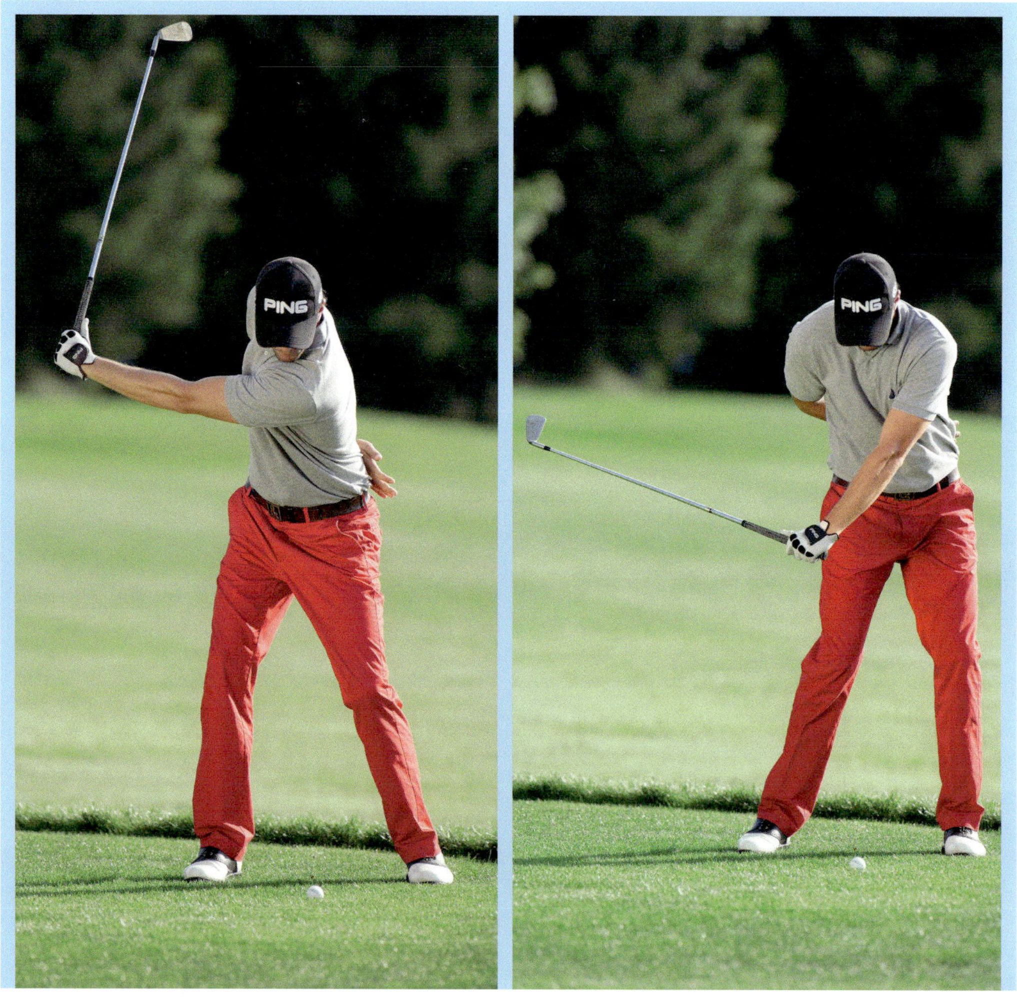

wünschte Richtung nur dann, wenn die Kraft durch das Zentrum der Masse (Golfschläger) gerichtet ist. Das ist in der Regel mit einem Golfschläger in der Hand schwierig zu erreichen. Wenn diese Ausrichtung durch das Zentrum nicht gelingt, bewegt sich der Schläger aus der angestrebten Richtung und trifft irgendwie auf den Ball. Korrekte Schwünge bedienen sich daher

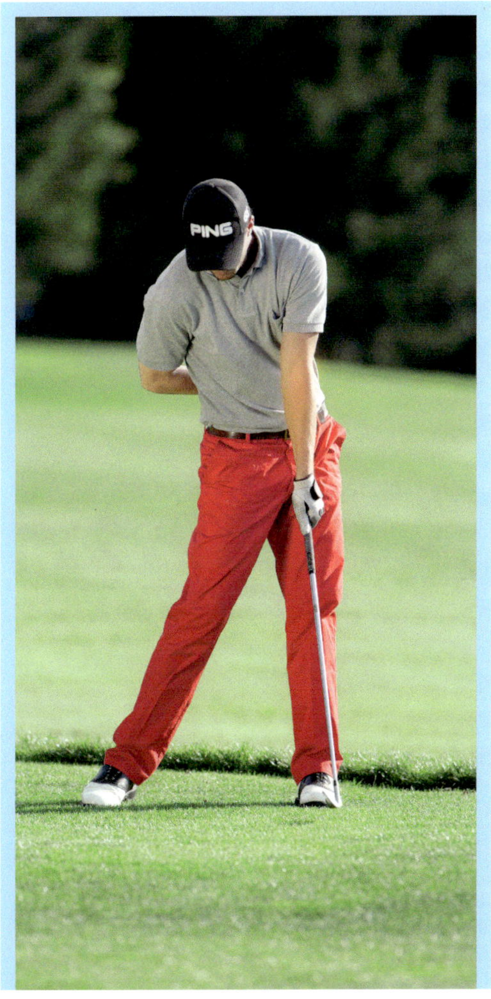

mehr der Zieh- als der Stoßkräfte. Der linke Arm oder die linke Seite ziehen, heißt es ja immer so schön.

Zieh- und Stoßkräfte

Wenn Sie gerne früh morgens auf taufeuchten Fairways spielen, machen Sie einmal das folgende Experiment: Ziehen Sie Ihren Wagen eine Zeit lang und schieben Sie ihn anschließend. Die Spuren, die Sie zurückblickend im Tau erkennen, sprechen eine eindeutige Sprache: Sie sind völlig gerade, wenn Sie ziehen und demgegenüber folgen sie eher einem Zickzackkurs, wenn Sie geschoben haben.
Zieh- und Stoßkräfte – besser lässt sich ihre unterschiedliche Wirkung kaum demonstrieren.

Wenn Sie Ihr Spiel verbessern wollen, ist es sicherlich keine schlechte Idee, beim Vorschwung am **Ziehen** zu arbeiten.

Ein gezogener Schläger beugt vor:

- gegen Geschwindigkeitsverlust im Treffmoment,
- gegen den Verlust einer korrekten Ausrichtung des Schlägerkopfes im Treffmoment und
- gegen den Verlust der optimalen Schwungebene.

Wenn Sie es nur mit links versuchen und sich dabei bewusst auf eine Pendelbewegung beschränken – kein Krafteinsatz! –, werden Sie sich wundern, wie gut Sie die Bälle treffen.

»Lass den linken Arm gestreckt!«

Auf den Vorteil eines gestreckten linken Arms beim Rückschwung haben wir beim Radiusmachen (siehe Seite 42) bereits hingewiesen. Jetzt geht es genau um diesen – aber dieses Mal beim Vorschwung.

Wenn Sie unsere Abbildungen unten studieren, stellen Sie sicherlich fest, dass der deutlichste Ausdruck für den Energieaufbau zum einen und die Ästhetik der Bewegung zum anderen der gestreckte linke Arm ist. Die volle Schulterdrehung ist gerade beendet worden, und die Verlagerung des Körpergewichts nach vorn noch kaum wahrnehmbar. Jetzt schon zieht **der gestreckte linke Arm** den Schläger auf der verlängerten Linie des Schafts nach unten. Und weil der Ellenbogen nicht gebeugt ist, kommt es zum größtmöglichen Schwungbogen und auf diese Weise zur maximalen Geschwindigkeit des Schlägerkopfes im Treffmoment.

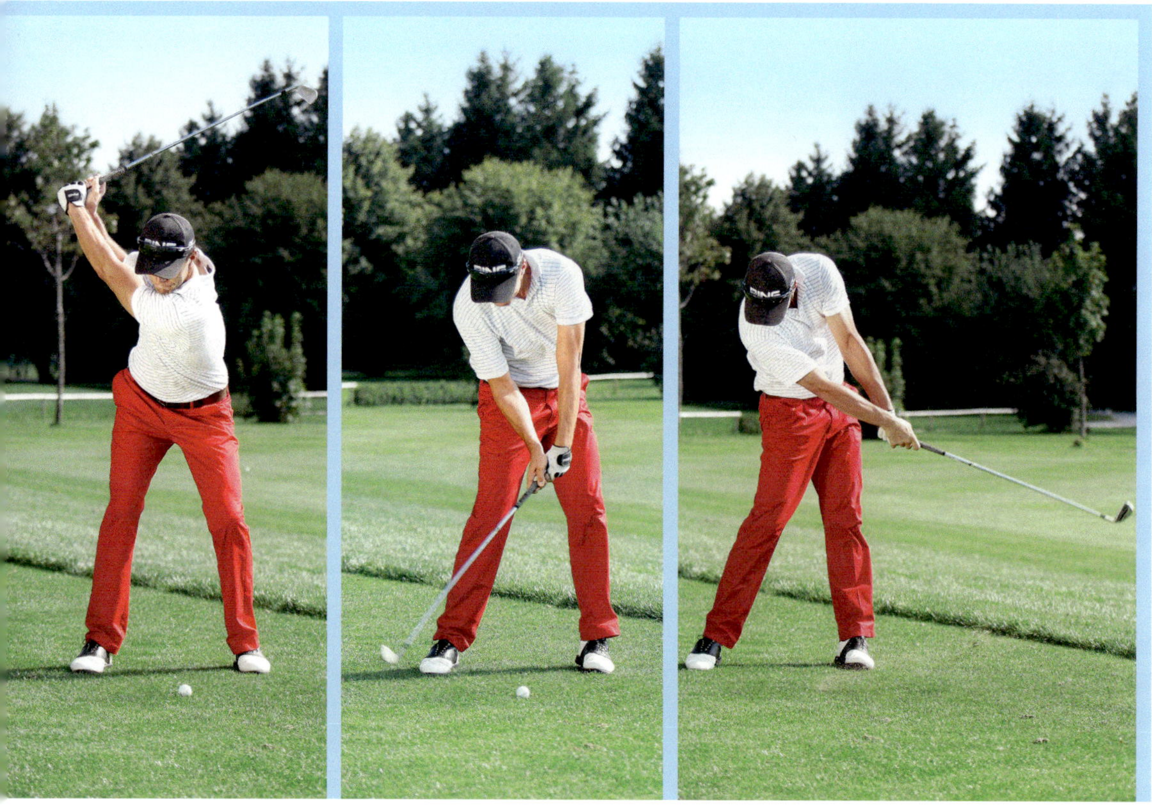

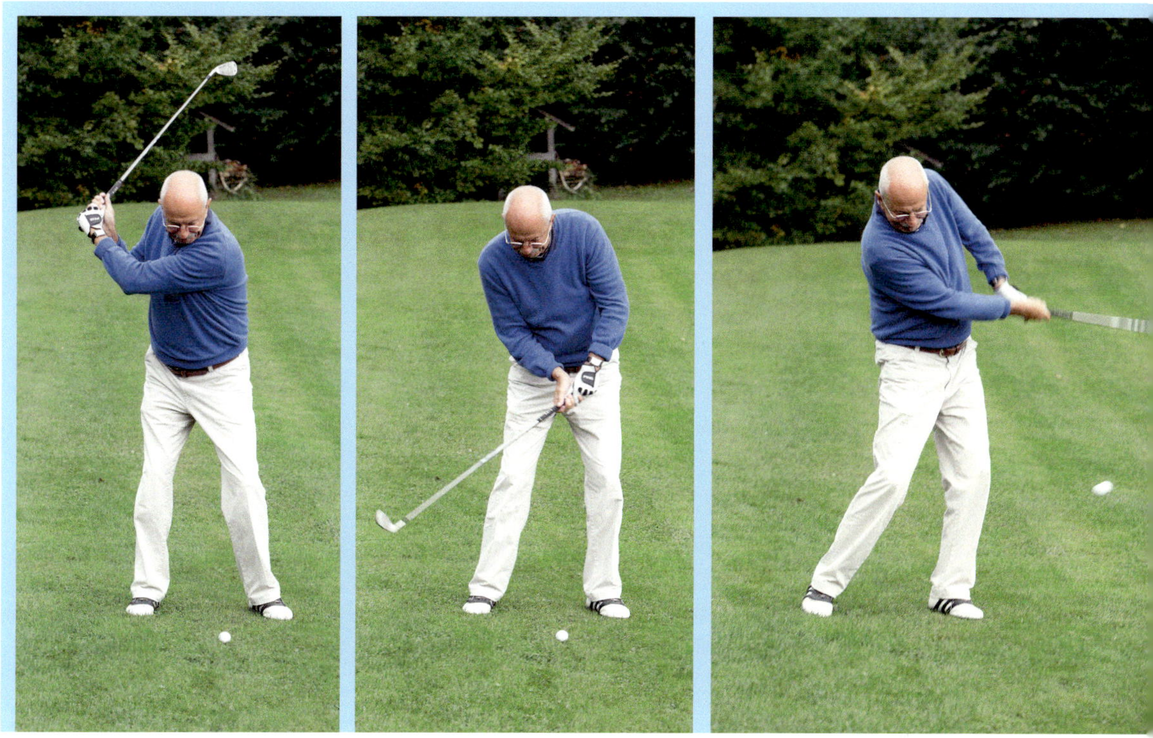

So wie das hier zu sehen ist, sollte es nicht sein. Derartige Filigrantechniker finden sich allerdings auf allen Golfplätzen dieser Welt, was einmal mehr zeigt, wie uneitel so mancher mit sich umgeht und was für optisch zumutbar den Mitspielern gegenüber gehalten wird. Keiner der Arme ist in irgendeiner Phase des Schwungs gestreckt. Betrachten Sie nur den linken. Im Rückschwung nicht, kurz vor dem Treffen des Balls nicht und auch nicht im »follow through«. Wenn Ihr linker Arm in diesen Phasen nicht gestreckt bleibt oder geblieben ist, müssen Sie sich von der Idee verabschieden, jenen Golfschlag zuwege zu bringen, von dem Sie immer träumen.

Also mit allem Nachdruck: Lassen Sie den linken Arm gestreckt! In der Sprache der Physik: Nur wenn im Treffmoment eine gerade Linie von der linken Schulter hinunter bis zum Ball besteht, erfolgt ein ungestörter Energiefluss.

Vielleicht ist es für Sie hilfreich, an die Symmetrie der Arme zu denken. Beim Rückschwung bleibt der linke Arm gestreckt und der rechte wird gebeugt. Nach dem Treffen des Balls sind beide Arme für kurze Zeit gestreckt (follow through). Auf dem sich anschließenden Weg ins Finish bleibt der rechte Arm gestreckt, wohingegen der linke gebeugt wird.

»Ellenbogen zur Hosentasche«

Die Bewegung des rechten Ellenbogens im Vorschwung ist ein viel diskutiertes Thema, weil sie besondere Bedeutung für einen »korrekten« Golfschwung hat. Wir behaupten: Wer Ellenbogen sagt, muss auch Hosentasche sagen. Doch was genau hat es damit auf sich?

Nur wenn die großen Hebel in unserem Körper das Sagen haben, lässt sich Wiederholbarkeit erreichen. Und tatsächlich: Kompaktheit, das Gefühl des Gekoppeltseins der Arme an den Oberkörper, kann sich nur dann einstellen, wenn der Schlägerkopf auf einer Bahn »von innen« an den Ball gebracht wird. Und genau hier kommt Ihre Hosentasche ins Spiel.

Wenn es Ihnen bisher ein Rätsel war, wie das »von innen« zu bewerkstelligen ist, jetzt wissen Sie es. »Von innen« setzt immer voraus, dass der rechte Ellenbogen beim Vorschwung vor die rechte Hosentasche oder anatomisch genau vor die rechte Hüfte geführt wird. Studieren Sie die Abbildungen und vergleichen Sie Seite 62 f.

Nicht nur Arnold Palmer, das Golfidol der Amerikaner, hat immer wieder auf die Bedeutung dieser Bewegung für konstant lange und präzise Schläge hingewiesen.

Der große Byron Nelson, der auf der amerikanischen Tour nicht weniger als elf Turniere in Folge gewann, ging sogar so weit, nie etwas in seine rechte Hosentasche zu stecken, um den Gang des rechten Ellenbogens nicht zu behindern.

Die Zurückhaltung der Hände

Für die Wiederholbarkeit Ihrer Schläge zusätzlich wichtig: die Position der Hände. Studieren Sie die Abbildungen noch einmal etwas genauer und sehen Sie, wie die Hände in Relation zum Ellenbogen bis zum »Andocken« an die Hosentasche bewusst zurückgehalten werden. Das ist sowohl für eine optimale Beschleunigung des Schlägerkopfes – und damit die Länge – als auch für die Präzision Ihrer Schläge ganz entscheidend.

Erst unmittelbar vor dem Treffmoment bewegen Sie sich durch die jetzt einsetzende Streckung des rechten Arms deutlich auf das Ziel zu. Wenn hingegen der rechte Ellenbogen zurückbliebe, die Hände ihn also schon weit vor dem Treffmoment »überholten«, würden Ihre Schläge weitgehend unkontrollierbar.

Behalten Sie das im Auge, wenn Sie Ihrem Ellenbogen zum Beispiel bei einem einarmigen Probeschwung den Weg zu Ihrer Hosentasche weisen.

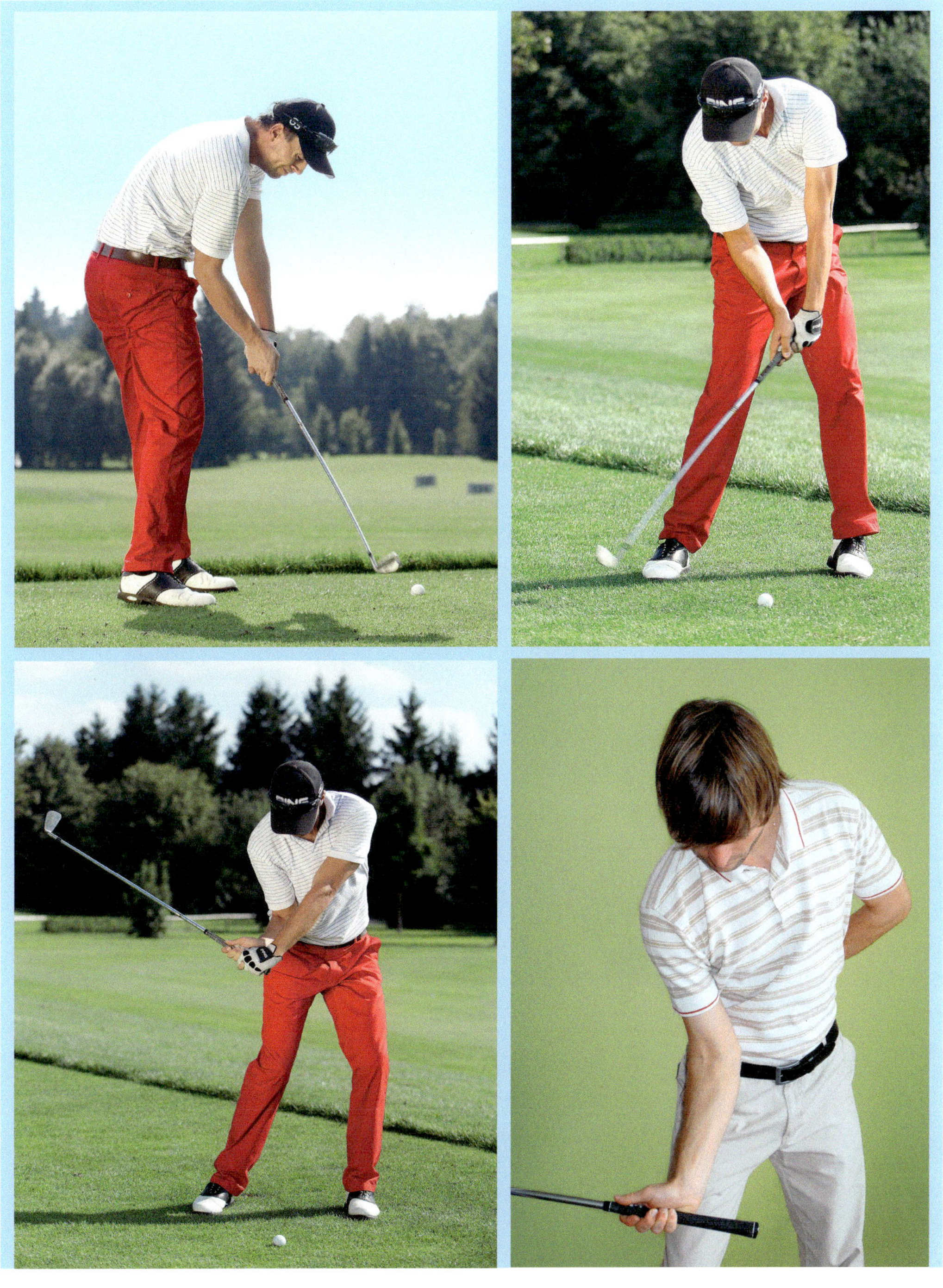

»Rücken zum Ziel«

Als probates Mittel für eine ordnungsgemäße Schulterdrehung im Rückschwung haben wir Ihnen diesen Schwunggedanken bereits vorgestellt (Seite 38). Hier wird er jetzt auch für den Vorschwung in die Pflicht genommen: **Rücken zum Ziel**, und dem Slice geht's so richtig an den Kragen! So könnte man es salopp ausdrücken.

Die den Vorschwung einleitende Bewegung trennt die Spreu vom Weizen. Hier entscheidet sich, auf welcher Bahn der Schlägerkopf an den Ball kommt. Während sich bei Spitzenspielern ausnahmslos die Bewegung der rechten Körperseite nach unten studieren lässt, ist es mit dem »down plane« bei Normalsterblichen jedoch so eine Sache: Nur wenige Zentimeter die rechte Schulter, bevor sie runter geht, »außen herum« gedreht, und der allseits beklagte Slice ist die fast unvermeidliche Folge. Daher braucht es manchmal einfach etwas Zeit, bis man den richtigen Schwunggedanken für sich entdeckt hat, unter dessen Anleitung die Bewegung der Schulter »unten durch« endlich gelingt.

Und noch ein Rat

Sollten die bisher vorgestellten mentalen Regulative für den Vorschwungstart bei Ihnen noch nicht die erhofften Früchte getragen haben, fällt vielleicht folgender Rat bei Ihnen auf fruchtbaren Boden: Treffen Sie den Ball mit dem Gefühl, dass Ihr Rücken immer noch zum Ziel weist! Durch den Rückschwung in diese Position gebracht, setzen Sie nun alles daran, dem Ziel auch während des Vorschwungs den Rücken zuzukehren. Ganz automatisch muss dann die rechte Schulter den gewünschten Weg nach unten antreten.

Selbstverständlich: Hierbei handelt es sich um eine kontrafaktische Vorstellung. Zwangsläufig wird ja der Oberkörper bis zum Treffmoment wieder einer Rotationsbewegung unterzogen. Doch einer gedanklichen Stütze für den Vorschwungstart kann das egal sein. Viel wichtiger ist: Den Rücken zum Ziel zu drehen und in dieser Oberkörperposition während des Vorschwungs so lange wie möglich zu verharren ist ein vergleichsweise leicht zu visualisierendes Bewegungsmuster. Nach unserer Erfahrung ist dieser Schwunggedanke nach einigem Experimentieren hoch effizient. Er löst eine Unmenge von Schwungproblemen.

Lassen Sie den Rücken im Vorschwung gedanklich dort, wo Sie ihn im Rückschwung hingebracht haben.

Wenn Sie das hier Vorgestelle üben, sollten Sie Folgendes spüren: Ihre Bewegung geht unten durch und nicht außen herum, Ihr Kopf und Ihr Körper bleiben hinter dem Ball und beide Arme strecken sich nach vorn.

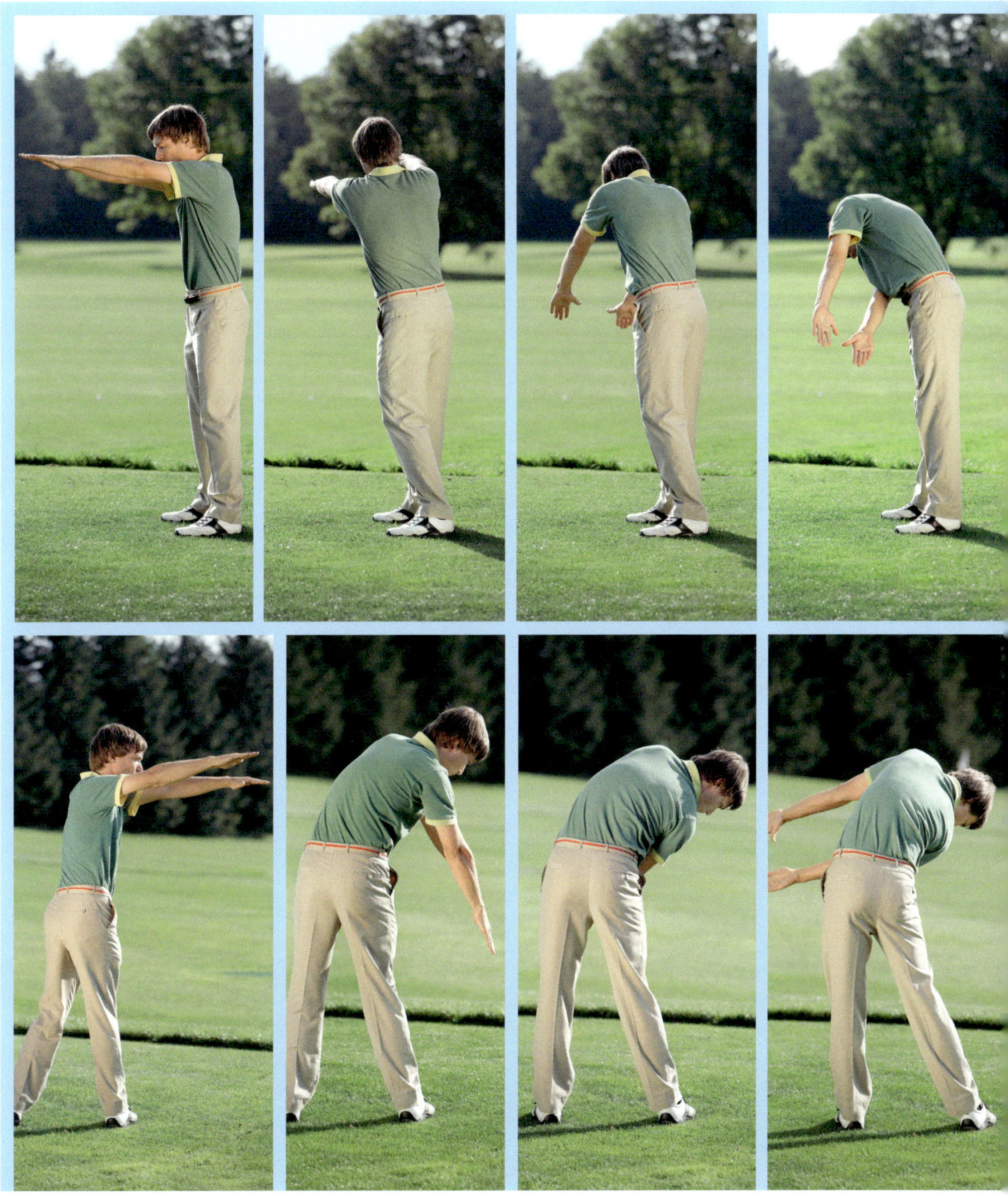

Noch mehr »down plane«-Anatomie

Die einleitende Bewegung im Vorschwung ist mit die delikateste im Golf. Sie ist so unauffällig, dass sie kaum wahrnehmbar ist, und der Grund dafür, dass der Golfschwung lange geheimnisumwittert war. Es ist wie gesagt eine Bewegung, die ohne Frage und in aller Ausschließlichkeit **nach unten** gerichtet ist. Wenn Ihre rechte Schulter vorher nur einen Zentimeter nach vorn dreht, hat das weitreichende negative Folgen. Dieser eine Zentimeter kann schon entscheiden, ob Sie hinter dem Ball bleiben oder ob Sie »over the top«, also von außen an den Ball kommen und einen Slice produzieren.

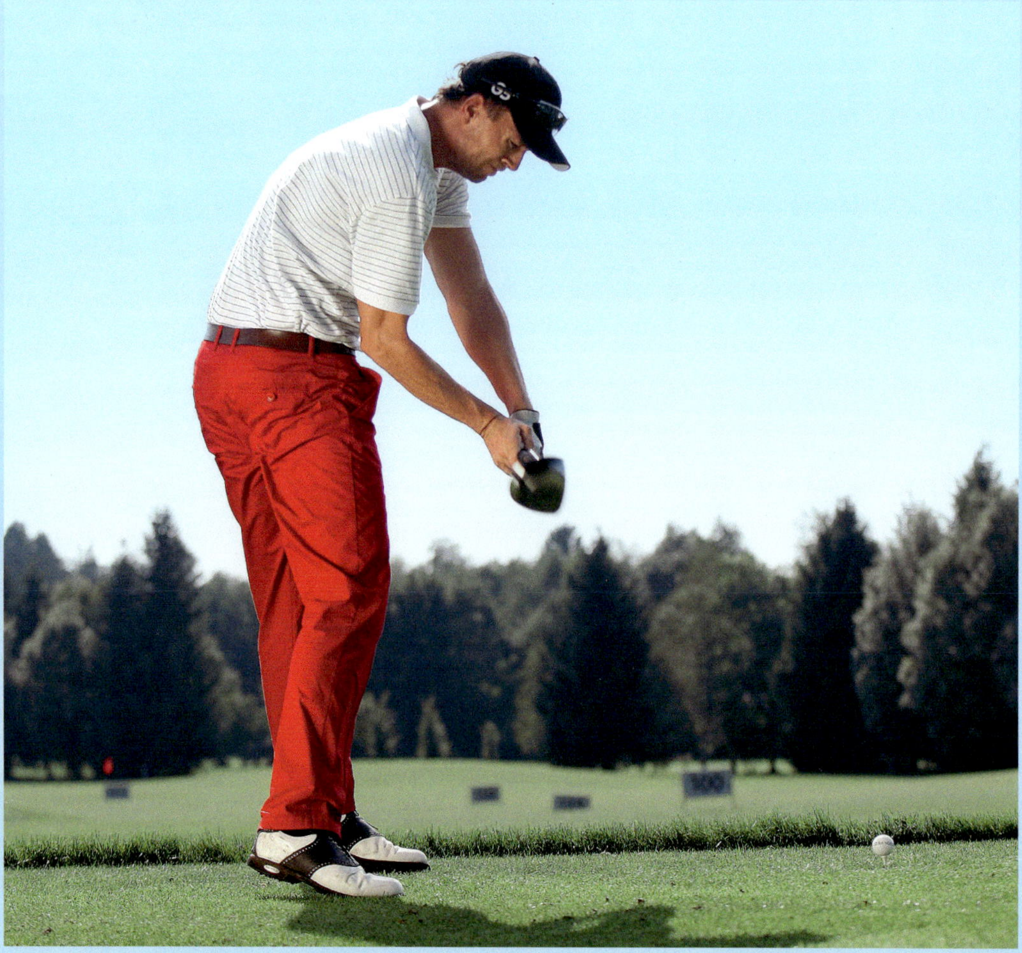

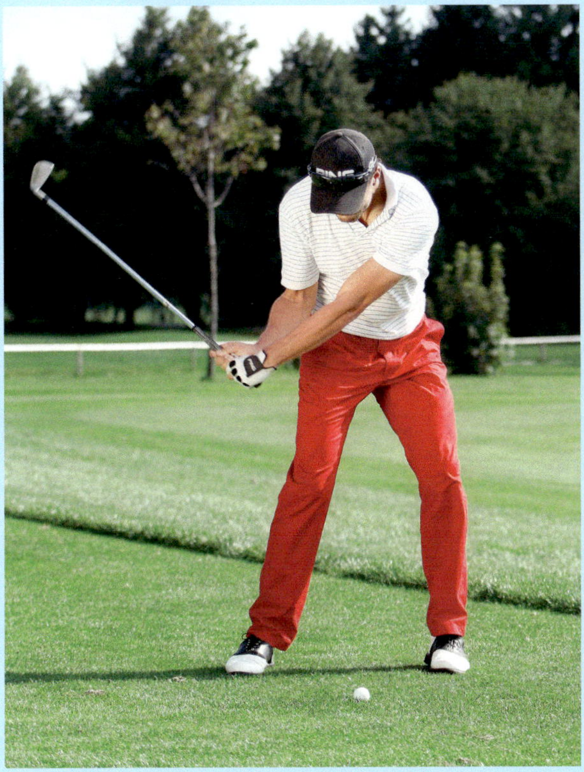

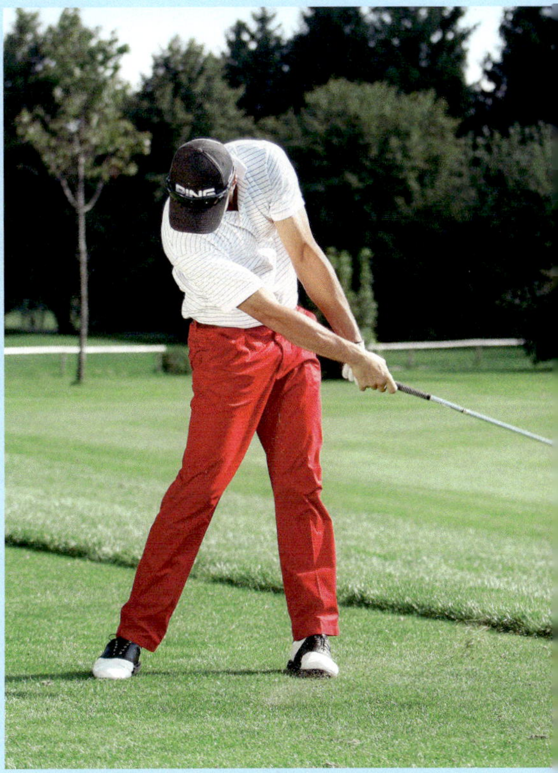

Für die Entwicklung eigener Schwunggedanken erhalten Sie jetzt noch einige Zusatzinformationen:

- Es gehen keineswegs nur Arme, Hände und der Schlägerkopf »down plane«, sondern vor allem auch Ihre rechte Schulter.
- Durch das »Nach-unten-Durch« der rechten Schulter überträgt diese 70 Prozent (!) aller aufgebauter Energie auf den Schlägerkopf.
- Wenn Ihnen »rechte Schulter runter« als Schwunggedanke nicht hilft, versuchen Sie es mit »linke Schulter hoch«.
- Durch »down plane« mit der rechten Schulter bleibt Ihr Kopf hinter dem Ball.
- Die gebeugte Wirbelsäule ist die wichtigste Voraussetzung dafür, dass der Schläger, die Hände, der rechte Unterarm und die Schulter in korrekter Ebene »down plane« gehen.
- Erst wenn das »power package«, bestehend aus Schultern, Armen und Händen, nach unten gebracht worden ist, geht der Körper in eine Rotationsbewegung über.
- Je weiter der Ball in der Ansprechposition vorn beim linken Fuß liegt, desto mehr geht die rechte Schulter im Vorschwung nach unten.

Zum kurzen Spiel

»Ich habe keine Angst vor dem Tod«, hat der legendäre Kurzspielkünstler Chi Chi Rodriguez einmal gesagt, »aber ich hasse diese Meter-Putts zum Par.« Eine eindeutige Aussage über das Timing der Adrenalinausschüttung. Erst ums Grün herum und auf dem Grün selbst entscheidet sich das »Wohl oder Wehe« einer Golfrunde. Beim kurzen Spiel können sie gutmachen, was Sie mit Ihren langen Schlägen verbockt haben, oder Sie verlieren alles trotz makellosen Vorwärtskommens auf dem Fairway.

Sie wissen längst, dass Sie sich überproportional dem Üben des kurzen Spiels hingeben müssen, wenn Sie beim Scoren

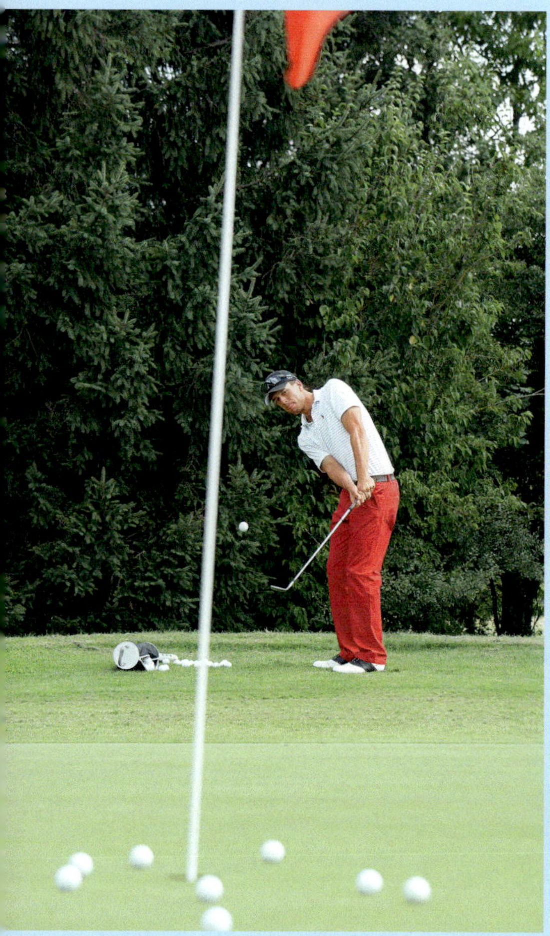

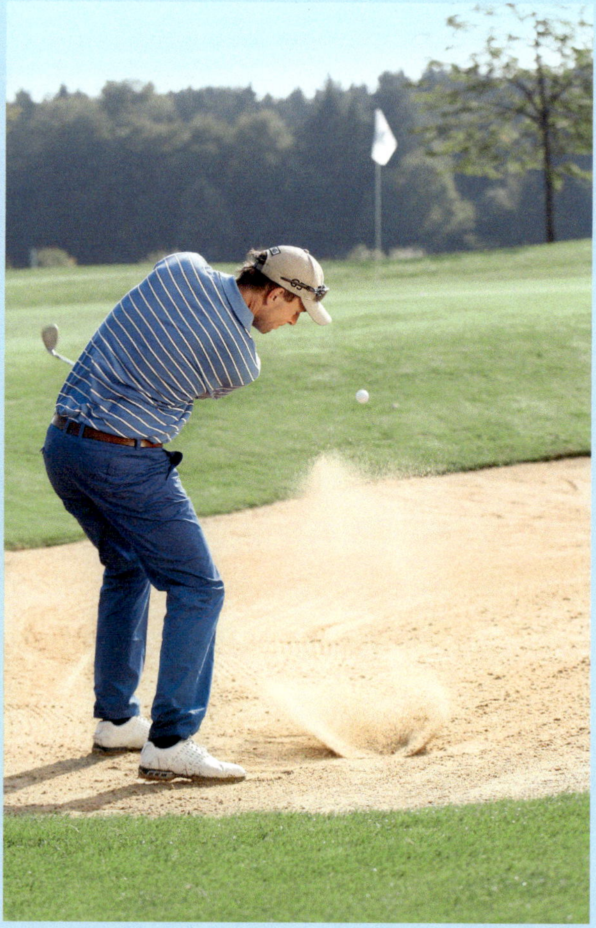

Erfolg haben wollen. Dies ist geradezu logisch, weil 68 Prozent aller Schläge innerhalb von 90 Metern vom Loch gespielt werden (43 Prozent Putten, 13 Prozent Chippen, 7 Prozent Pitchen, 5 Prozent Bunker). Was wüssten wir über Golf ohne die Statistiken der Amerikaner? Was daraus folgt, ist die nüchterne Wahrheit, dass jeder von uns zwei Drittel der aufgewendeten Trainingszeit auf das kurze Spiel verwenden müsste.

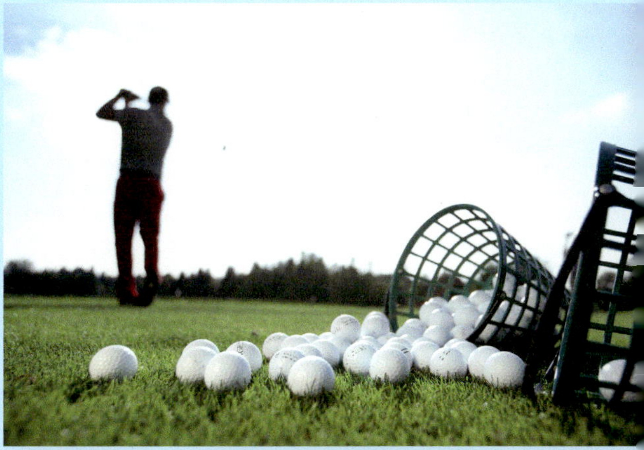

Athletik ist nicht entscheidend

Wenn sich bei Ihnen ob solcher Fakten innerlich alles zu sträuben beginnt, weil Ihnen beim Üben von Chips und Pitches der Kick des Krafteinsatzes fehlt, oder Sie der Frust zermürbt, weil Sie auch aus kürzester Distanz jeden zweiten Putt danebenschieben, so könnte Ihnen vielleicht diese Überlegung als Ansporn dienen: Sie können im kurzen Spiel genauso erfolgreich werden wie die Professionals – ob Sie dies nun glauben oder nicht.

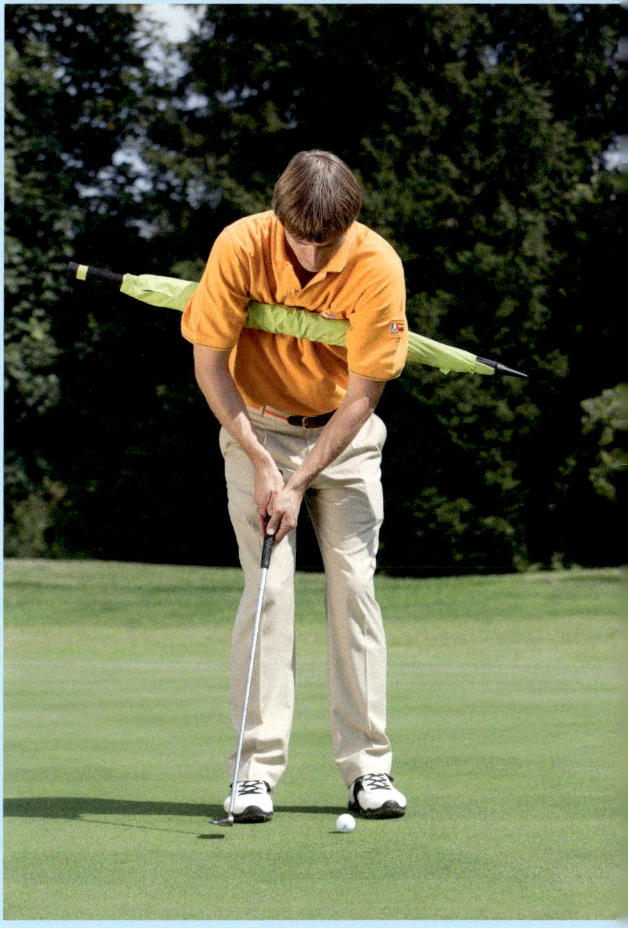

Die Athletik nämlich, die erfolgreiches langes Spiel zur Voraussetzung hat und die naturgemäß nicht jedem von uns gegeben ist, ist fürs kurze Spiel entbehrlich. Hier bedarf es einer profunden Schlagtechnik, eines zielsicheren Auges und eines bestimmten Maßes an Ballgefühl. Und sicherlich ist es kein Nachteil, in brenzligen Situationen zielführende Schwunggedanken im Marschgepäck dabeizuhaben.

»Heb den Putter an!«

Zur Erinnerung: Keinen Schläger haben Sie auf einer Runde so oft in der Hand wie Ihren Putter. 43 Prozent aller Schläge, so haben die amerikanischen Statistik-Freaks herausgefunden, sind Putts. Sie, lieber Leser, tragen dieser schlichten Wahrheit Rechnung und sind mindestens so oft auf dem Putting Green wie auf der Driving Range. Die Erfolge allerdings entsprechen aus Ihrer Sicht nicht dem Aufwand. Sie haben das Gefühl, dass Sie die Bälle nicht besonders gut treffen, und dass dies der Grund ist, warum sie nicht so fallen wie erhofft. Ein Freund sagt Ihnen, Ihr Rückschwung sehe so wackelig aus, vor allem gleich nach dem Start.

Analyse

Mehr noch als bei allen anderen Golfschlägen kommt es beim Putten auf eine harmonische, fließende, gleichmäßige Bewegung an, weil diese die beste Voraussetzung dafür ist, den Ball präzise zu treffen. Sprich, den **Sweet Spot** exakt mit dem Äquator des Balls in Berührung zu bringen. Dass ein verwackelter Rückschwung dafür nicht besonders geeignet ist, liegt auf der Hand. Als Auslöser kommt möglicherweise Folgendes in Betracht: Sie heben Ihren Putter vor dem Beginn des Rückschwungs nicht an. Ein Millimeter über den Boden würde schon genügen. Bei fast allen guten Spielern ist diese Bewegung fester Bestandteil. Man könne, so argumentieren sie, bei einem Schwung, bei dem Präzision oberstes Gebot ist, nicht zwei Bewegungen zugleich machen, nämlich den Putter hochzuheben und ihn dabei gleichzeitig auch noch zurückzuschwingen. Ohne Frage: Es muss eine deutliche Trennung erfolgen, um eine ungestörte, nicht verwackelte Pendelbewegung in Gang zu setzen.

Also: Am Beginn des Rückschwungs – **Putter anheben!**

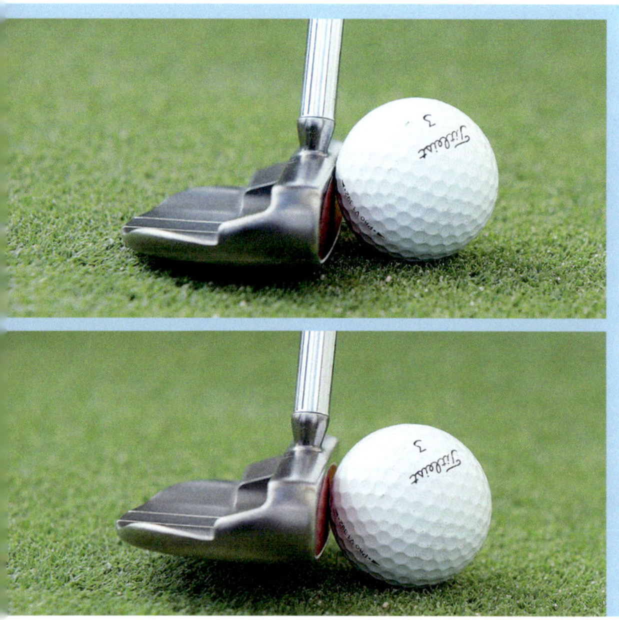

Auch wenn Sie erst seit kurzem den Schläger schwingen, eines erschließt sich jedem Spieler sehr schnell: Der Beginn des Rückschwungs beim Putten ist oft eine zittrige Angelegenheit. Wo aber gezittert wird, ist es aus mit der Präzision.

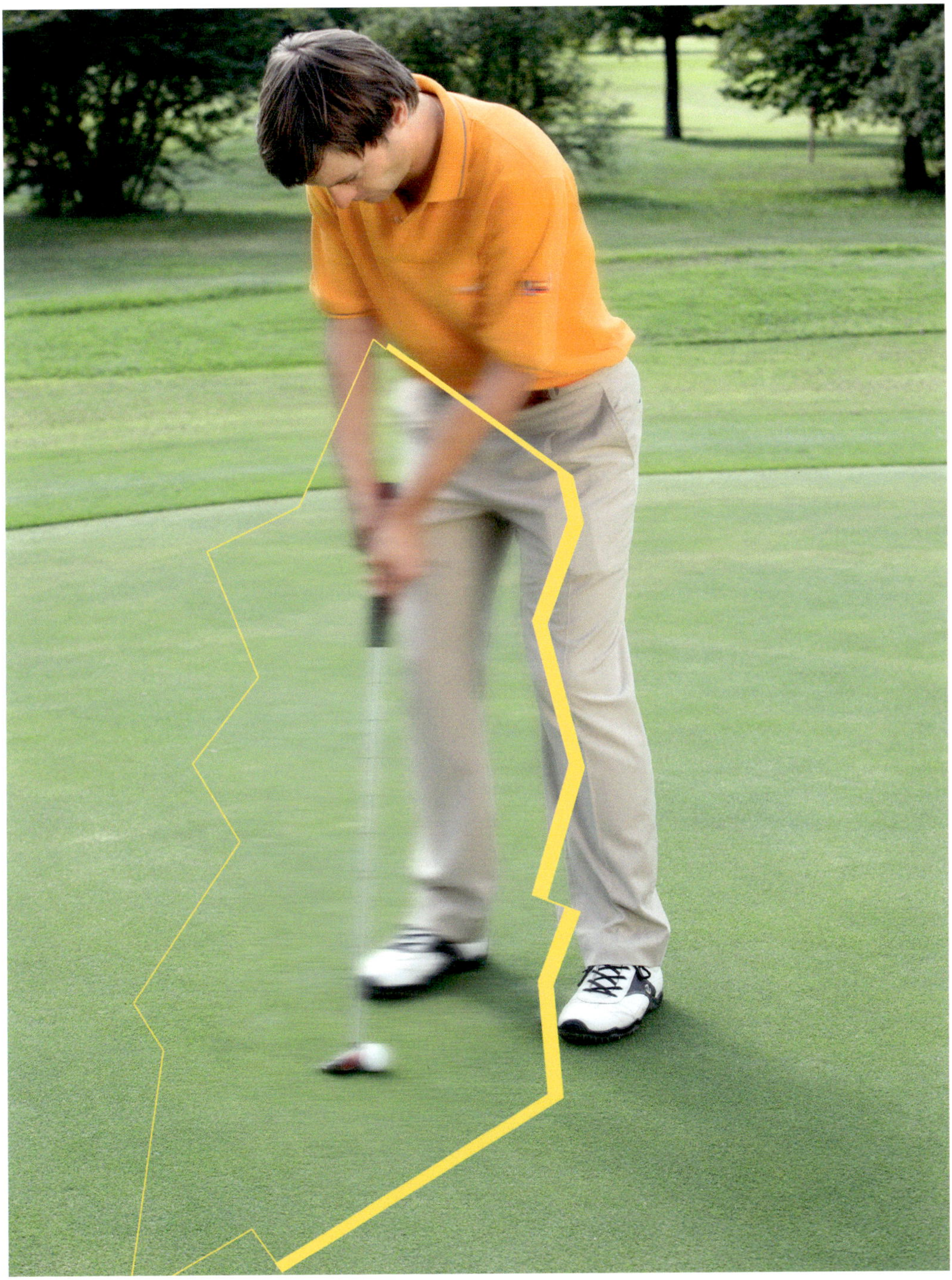

»Mit der Spitze!«

Das Geheimnis von Bergab-Putts auf schnellen Grüns: Treffen Sie den Ball mit der Putterspitze. Eine Empfehlung von keinem Geringeren als Jack Nicklaus.

Ihr Ball liegt auf dem oberen Plateau eines teuflisch schnellen Grüns, und die Fahne steht unterhalb nicht allzu weit entfernt. Es geht relativ steil bergab, und Sie wissen

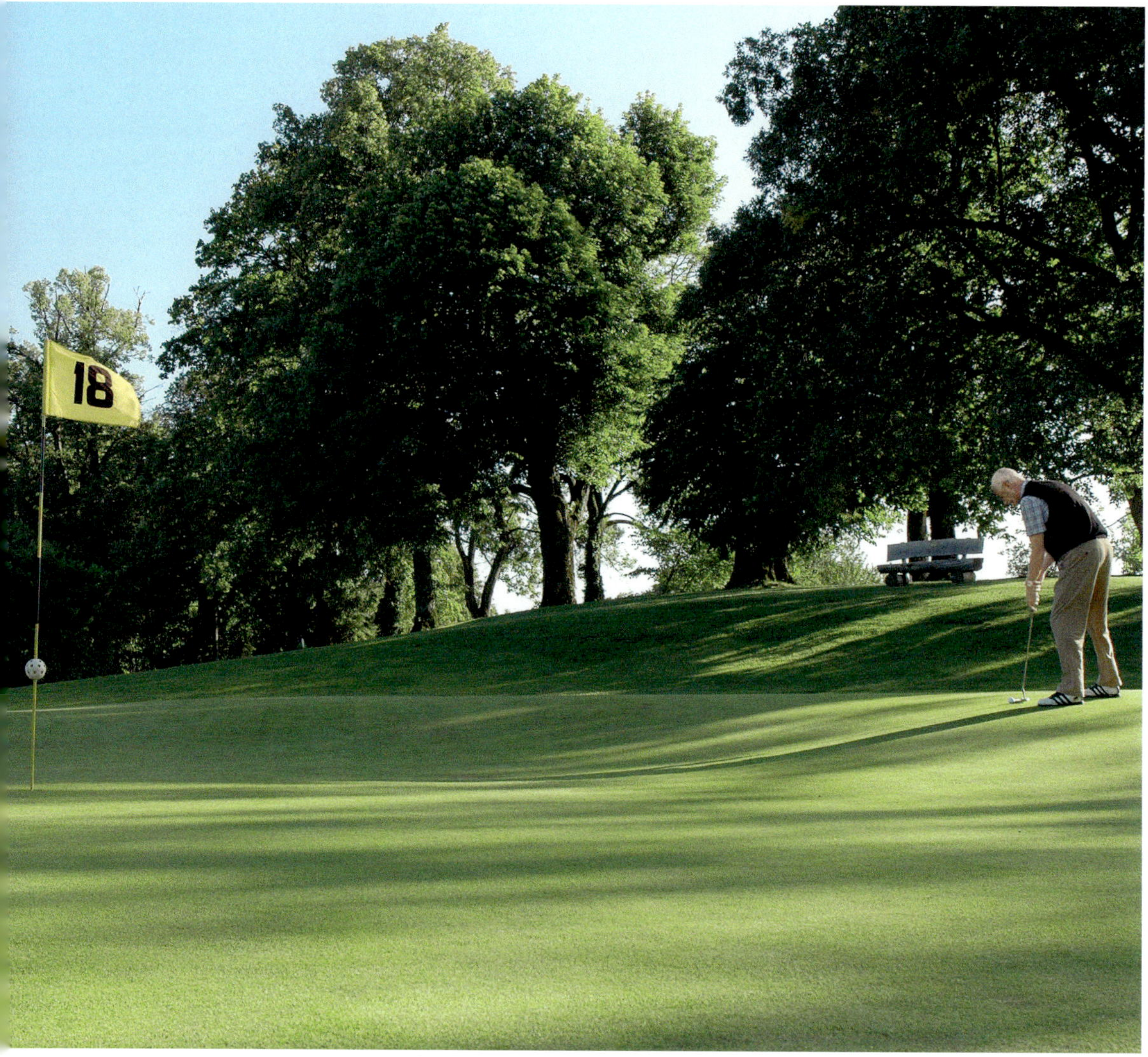

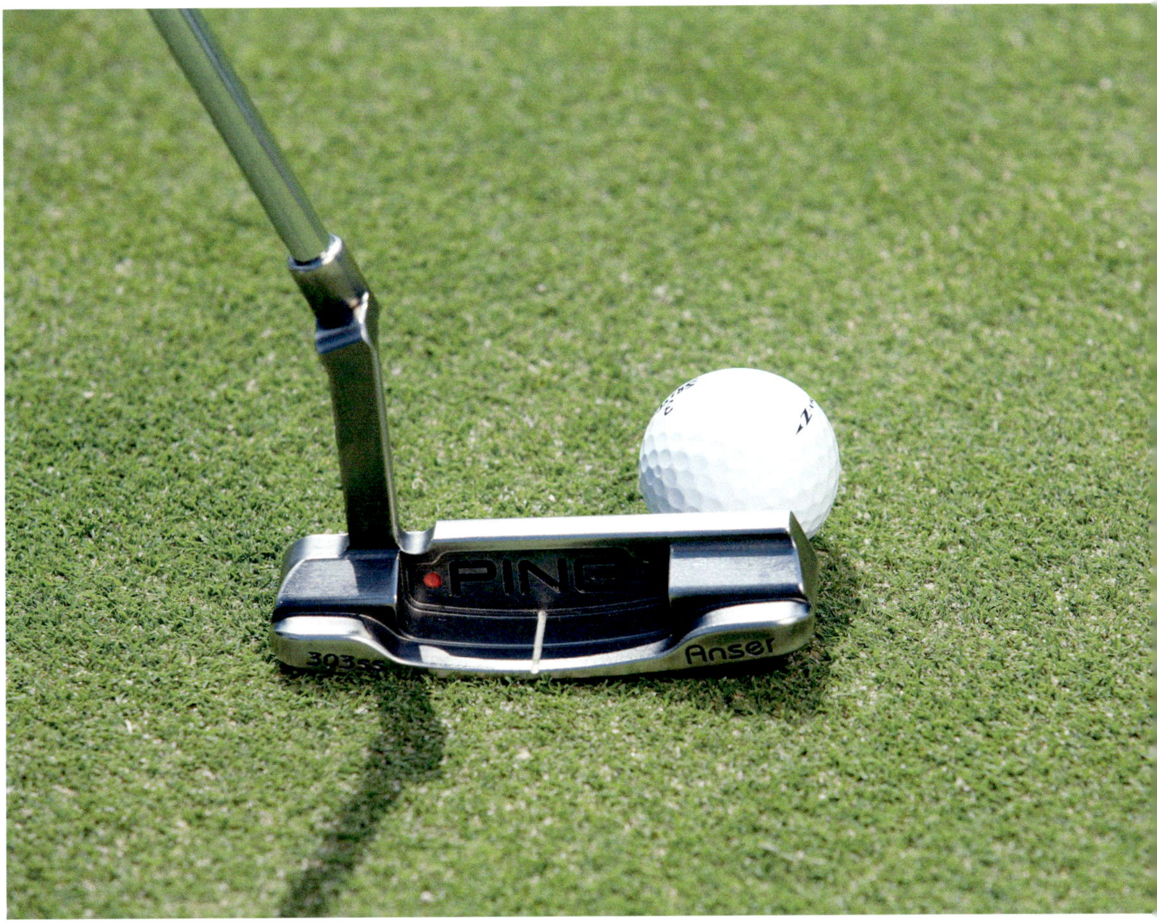

genau, dass bei zu hartem Zuschlagen der Ball sonstwo zum Liegen kommt, nur nicht in der Nähe der Fahne, sodass Sie womöglich sehr zu Ihrem Ärger mit einer Reihe weiterer Putts rechnen müssen.

Weil Sie diese Gefahr sehen, tippen Sie den Ball lediglich an und lassen ihn prompt zu kurz. Er erreicht die Welle nicht. Sie sind mit dem gleichen Problem ein zweites Mal konfrontiert.

Sprechen Sie den Ball an der Putterspitze an und treffen Sie ihn auch dort. Sie können ihn jetzt so hart schlagen, wie wenn Sie auf ebener Oberfläche putten würden, ihn hier aber im **Sweet Spot** träfen. Der Erfolg wird Sie positiv überraschen. Natürlich müssen auch solche Schläge immer wieder geübt werden. Ist Ihr Gefühl dafür aber erst entwickelt, können Sie trotz übler Hangneigungen Ihren Putter ganz normal schwingen.

»Denk an den Regenschirm!«

Der Motor des Chip- und Putt-Schwungs sind nicht die Arme, die Hände oder gar der gesamte Körper, wie das auf den Putting Greens vielfach zu beobachten ist. Es sind die Schultern. Wenn Sie sich, wie aus den Abbildungen ersichtlich, einen **Regenschirm** unter die Arme klemmen – eine Übung, die von Golfguru Leadbetter wärmstens empfohlen wird – spüren Sie auf einprägsame Weise, wie der Schwung seinen Ausgang von den Schultern her nimmt.

Es ist eine »Rauf-und-runter-Pendelbewegung«, in der Fachsprache als »Rocken« der Schultern bezeichnet. Der gesamte Oberkörper arbeitet dabei als Einheit, kein Körperteil, weder Arme noch Hände, macht sich selbstständig.

Üben Sie mit dem eingeklemmten Regenschirm so lange, bis Sie sich sicher sind, die Bewegung gleichermaßen exakt ohne Schirm ausführen zu können.

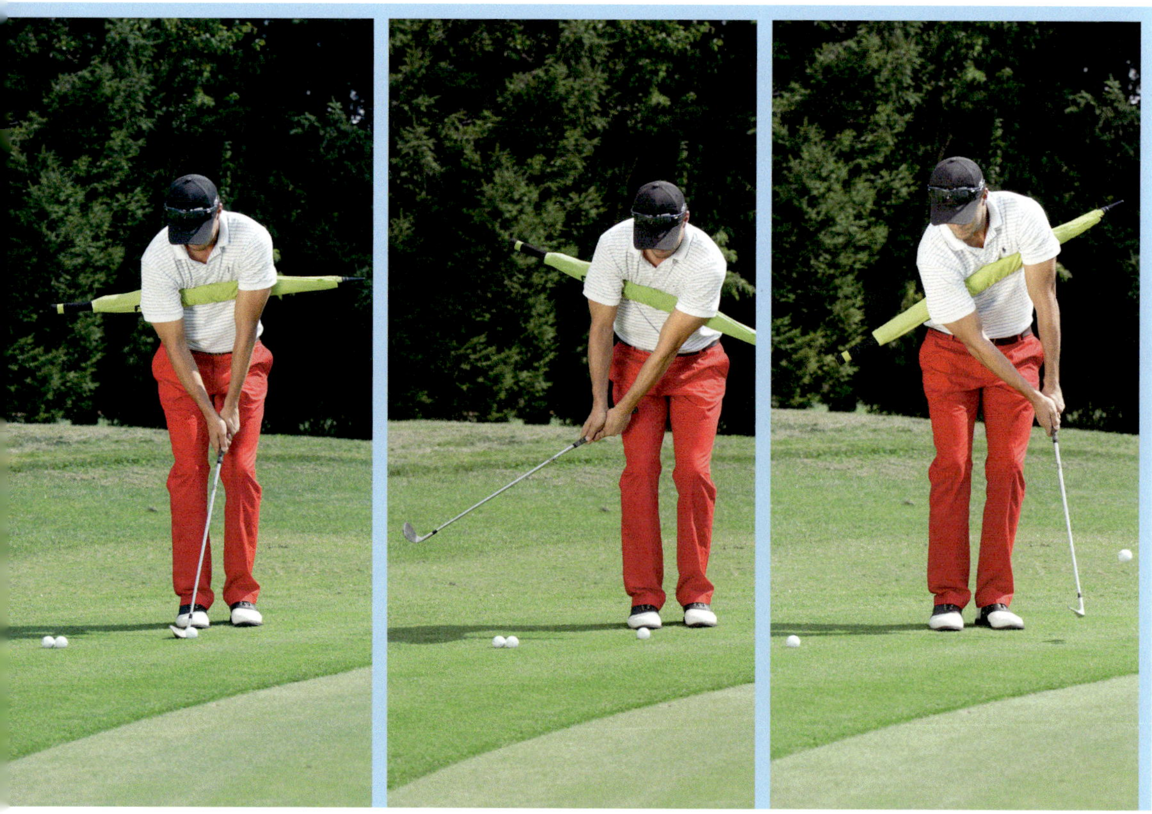

Die Übung ist immer auch dann sehr hilfreich, wenn Sie das Gefühl haben, irgendetwas stimme wieder einmal nicht. Sie werden erstaunt sein, wie schnell Sie mit dem Regenschirm auf den Pfad der Tugend zurückfinden. Er erzieht zur Präzision.

Schnelle Abhilfe

Der Regenschirm ist auch insofern ein Erzieher zur Präzision, weil Sie die Schultern nur noch eingeschränkt drehen können. Vielfach resultieren erfolgloses Putten und Chippen gerade aus einer solchen Schulterdrehung, die sich besonders in der rechten Schulter manifestiert, die deutlich sichtbar nach vorn gedreht wird. Zu allem Überfluss ist man sich dieser Drehung meist nicht bewusst. Das Drehen der Schultern aber und erfolgreiches Chippen und Putten schließen einander aus.

Überprüfen Sie immer wieder den Gang Ihrer Schultern bei Ihrer Puttbewegung, und wenn's mal nicht so gut laufen sollte – jetzt wissen Sie ja: Der **Regenschirm** korrigiert Sie blitzartig.

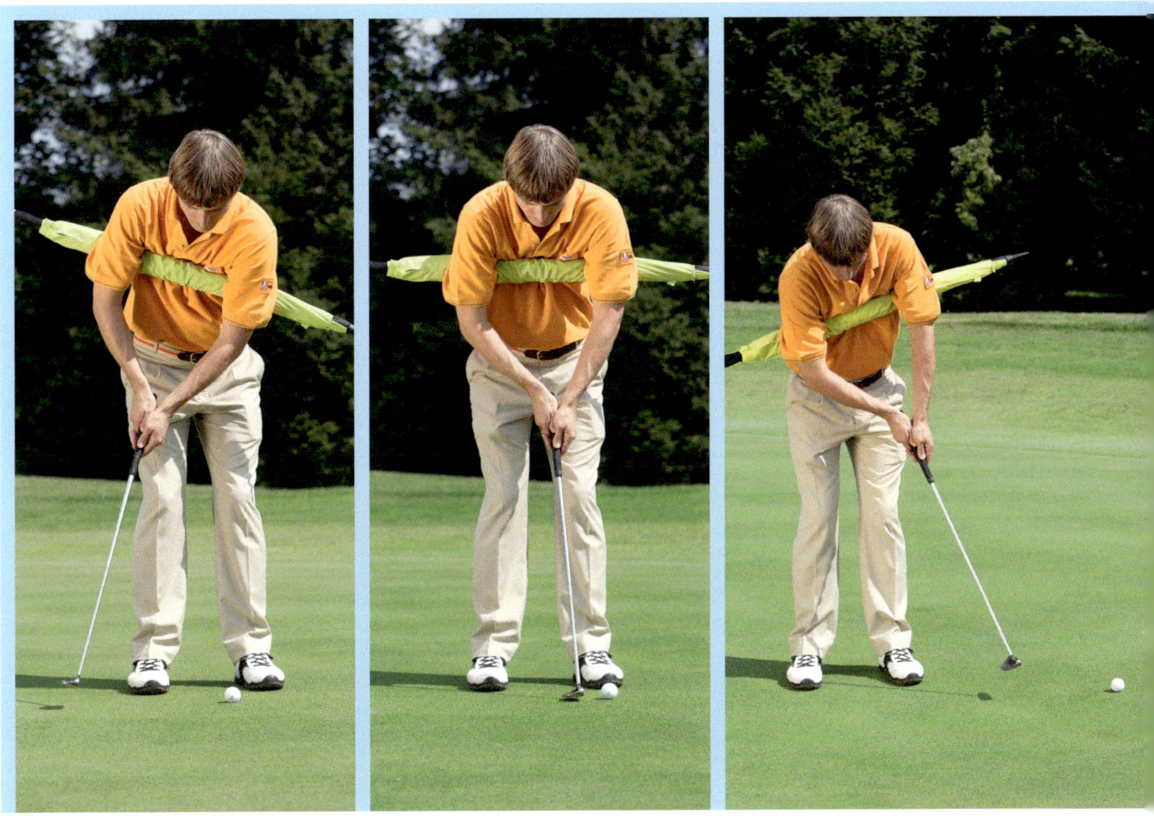

»Pendeln, pendeln, pendeln«

»Bis zum 16. Grün eine fast fehlerfreie Runde und beste Aussichten, mal richtig was fürs Handicap tun zu können. Hier jetzt das Grün knapp verfehlt, aber die Lage im Semi ist gut. Den Ball an die 20 Meter entfernt stehende Fahne zu bringen eigentlich kein Problem, vor allem, weil das Chippen zu den eher verlässlichen Seiten meines Spiels zählt. Gut, ich bin nicht gerade die Ruhe selbst, eben weil ich einen so guten Score vor Augen habe, aber ich werd's schon irgendwie schaffen« – ein Selbstgespräch, an das auch Sie sich vielleicht erinnern können. »Irgendwie« war offensichtlich nicht präzise genug, denn was folgte, war der klassische Hack und im schnellen Anschluss daran (fast folgerichtig) der Gedünnte, der über das gesamte Grün flog.

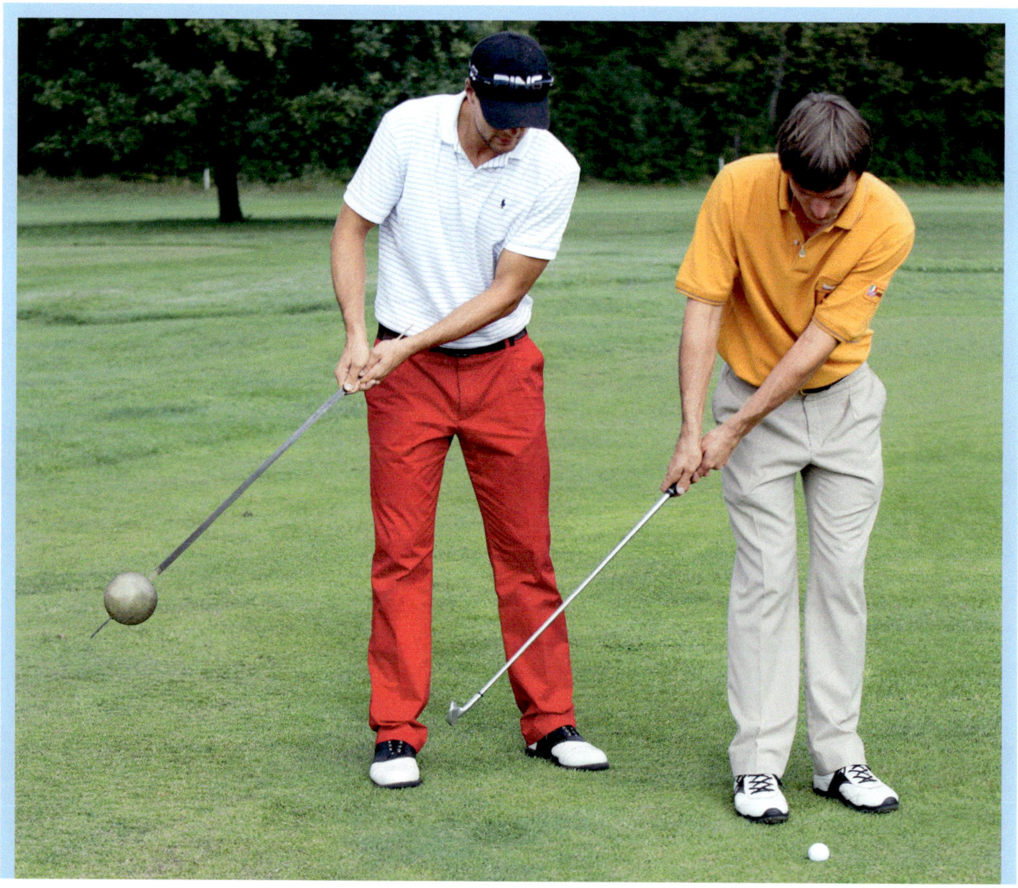

Aus der Traum! Im Gefolge keine »recoveries« auf den letzten beiden Löchern und zudem ein zerstörtes Selbstwertgefühl.

Analyse

Die Analyse misslungener Chips zeigt, dass viele Fehlschläge auf einer zu unruhigen Körperachse beruhen. Nehmen wir aber an, dass dieser Fehler nicht der Auslöser war, so zeigt die kritische Betrachtung den weitaus häufigeren Grund: eine zu ruckhafte Bewegung von Armen und Händen, sowohl in der Ausholbewegung als auch, wenn es ans Treffen des Balls geht. Durch eine solch unkoordinierte Schlägerführung verlässt dieser die korrekte Schwungbahn, was zur Folge hat, dass der Ball schlecht oder womöglich gar nicht getroffen wird. Auslöser ist zumeist die überhöhte Adrenalinausschüttung, die erfahrungsgemäß unkoordinierte Bewegungen im Gefolge hat und des Weiteren auch dazu führen kann, dass uns die Konzentration verlässt und damit die Befehlsleitung vom Kopf zum Schlägerkopf ihren Dienst versagt. Nichts ist in einer solchen Situation wichtiger als ein gedanklicher Anker, von dem man aus Erfahrung weiß, dass er über all diese Fährnisse hinweghelfen wird.

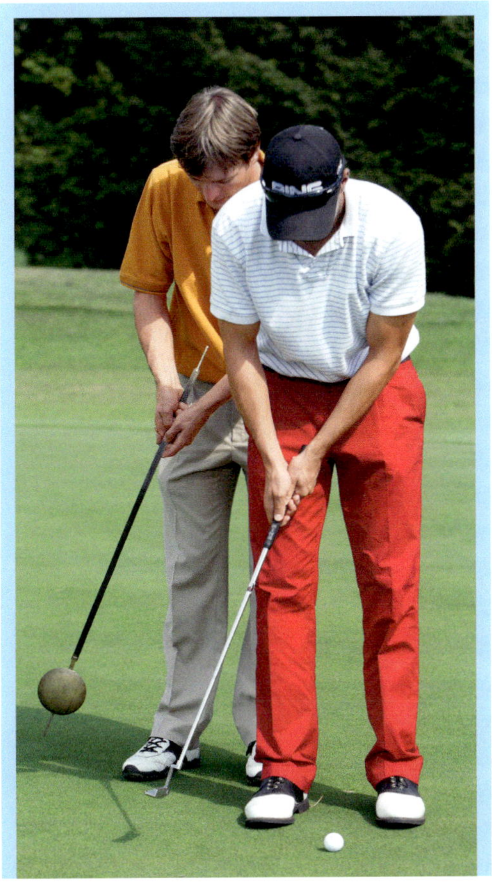

Pendeln, pendeln, pendeln
Holen Sie sich für kurze Zeit eine große Standuhr vor Augen. Sehen Sie den Perpendikel mit seinem Scheibengewicht in seiner gemächlichen Art hin- und herpendeln, eine absolut gleichmäßige Bewegung. Genau diesen Rhythmus auf Ihren Chip oder auch Putt zu übertragen ist der Befehl, den Sie Ihren Armen, Händen und dem Schlägerkopf jetzt geben. Der Schläger geht zurück, kommt für kurze Zeit zum Stillstand und schwingt ohne Muskeleinsatz – mehr oder weniger nur der auf ihn wirkenden Schwerkraft folgend – durch den Ball nach vorn. Richtig gependelt hat man immer dann, wenn es gelingt, annähernd jede Art von Krafteinsatz zu vermeiden.

»So nah wie möglich«

Wenn wir mit Freunden üben oder auf der Driving Range sich jemand hilfesuchend an uns wendet, stellt sich der mit Abstand größte Überraschungseffekt der Ratsuchenden gewöhnlich beim Chippen ein. Spieler, auch solche durchaus besseren Kalibers, die schon geraume Zeit an ihrer Chiptechnik arbeiten und mit dem Ergebnis alles andere als zufrieden sind, treffen plötzlich die Bälle mit einer Präzision, die ihnen fast wie ein Wunder erscheint.

Verändern Sie nur Ihren Stand. Wer die Bälle schlecht trifft, steht in der Regel zu weit weg vom Ball. Beim Chippen sollten Sie den Versuch unternehmen, ganz nah am Ball zu stehen. Sie müssten spüren, dass sich Ihre Arme am Körper förmlich festmachen. Unter Druck beim Turnier hilft es ungemein, wenn Sie auf die Haltefunktion Ihres Körpers vertrauen können. Als Faustzahl sollten es zwei bis drei Schlägerkopflängen sein, die Sie vom Ball entfernt stehen. Sehr ungewohnt am Anfang, und meistens ist dabei zu hören, dass man so den Ball niemals treffen würde. Lassen Sie sich nicht irritieren. Versuchen Sie es einfach. Wenn Sie später Vertrauen zu Ihrer Chiptechnik gefasst haben, können Sie die zugegeben sich etwas verklemmt anfühlende Ansprechhaltung zugunsten eines größeren Abstands und damit freieren Schwingens verändern. Bis es aber so weit ist – **so nah ran wie nur irgend möglich.**

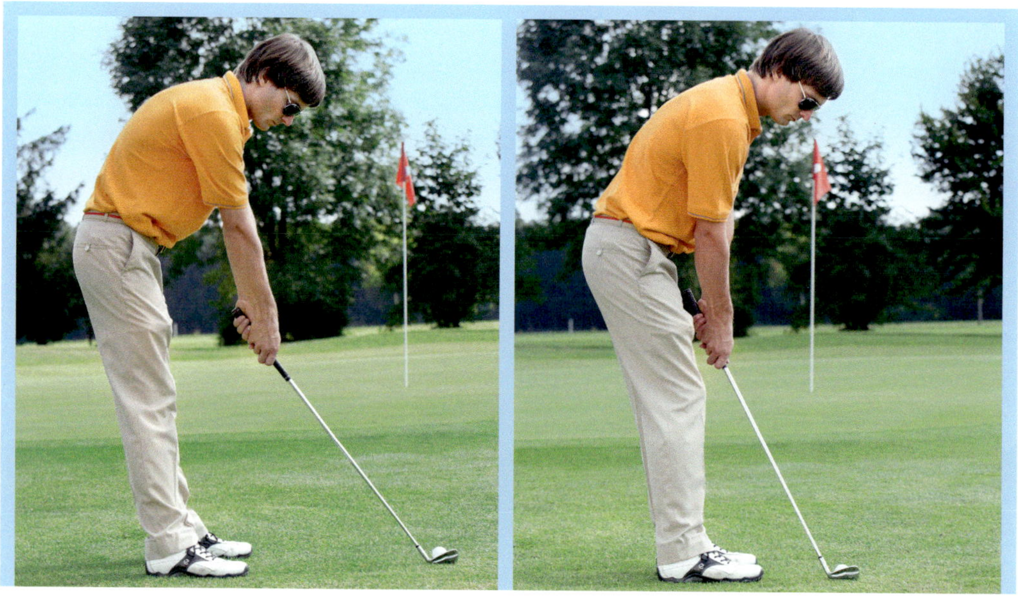

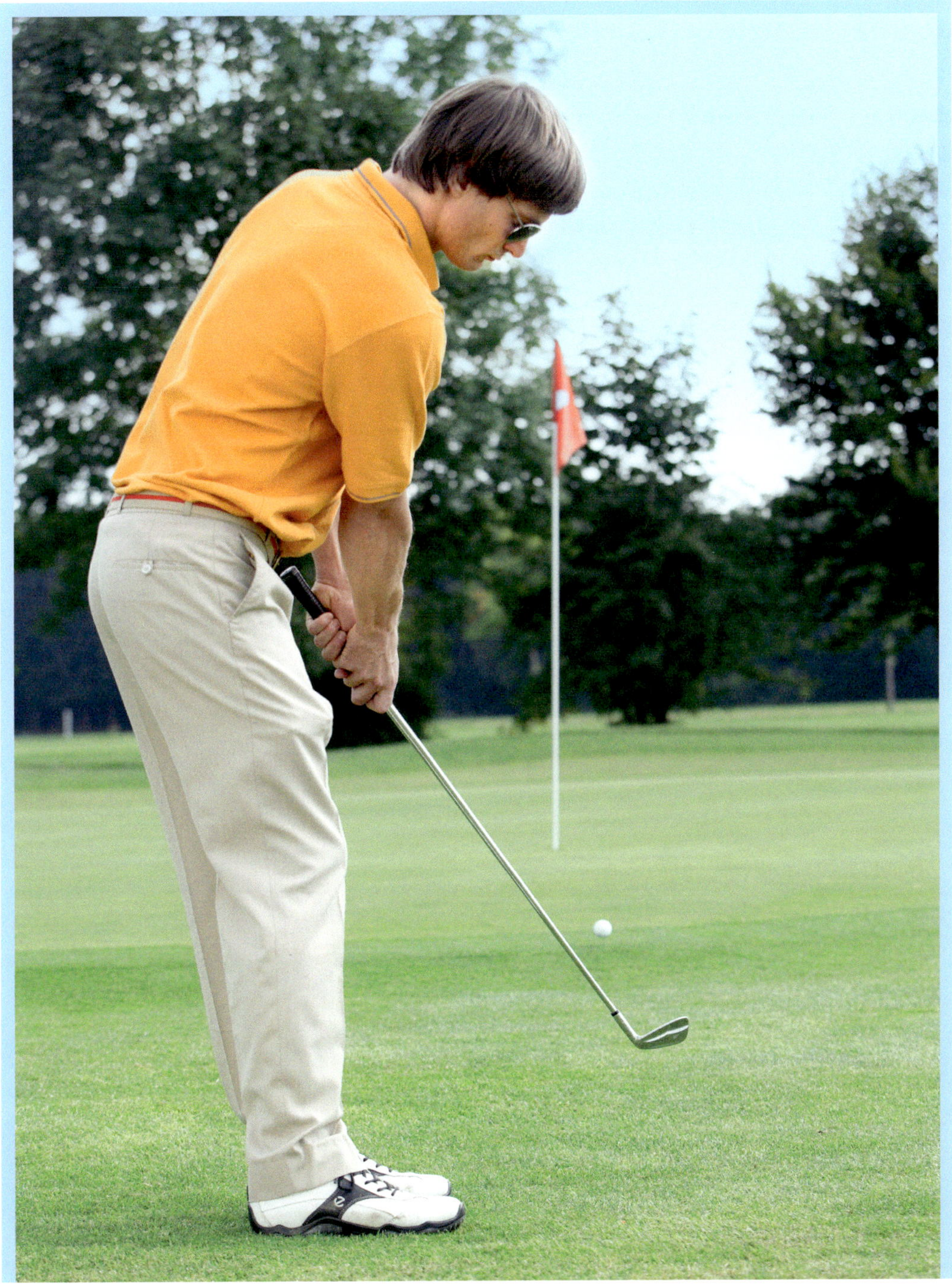

»Ans Lineal denken!«

Wenn es in den Fachzeitschriften ums Chippen geht, dann wird als vorrangigster Fehler das »Löffeln« angeprangert. Sicherlich haben auch Sie an Ihren Mitspielern schon beobachtet, wie mit einer ausholenden Schwungbewegung der Ball aus kurzer Distanz aufs Grün sozusagen gehoben wird – gelöffelt eben. Völlig unangemessen der körperliche Aufwand im Verhältnis zu der kurzen Distanz.

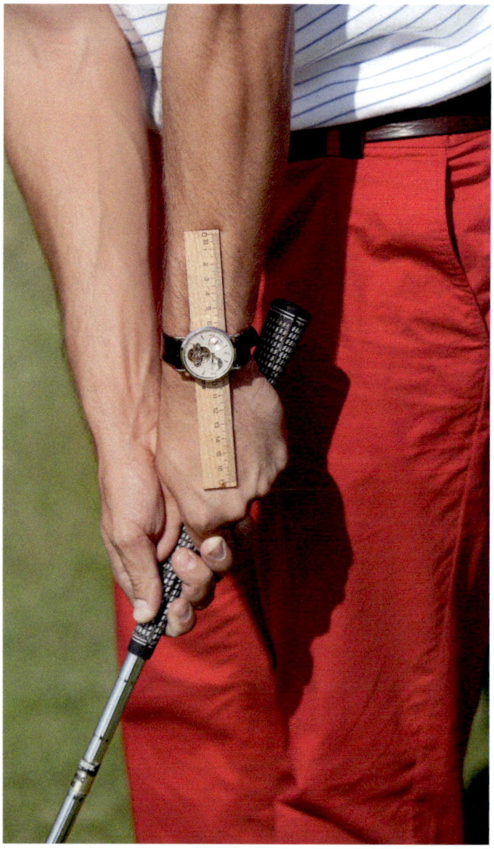

Wenn Sie dabei genauer hinsehen, fallen Ihnen unschwer überaktive Handgelenke auf, und zwar besonders in der Bewegung nach vorn. In der Fachsprache wird dies als das **Brechen** der Handgelenke bezeichnet, wobei die negative Betonung auf dem linken Handgelenk liegt.

Ebendieses linke Handgelenk muss während des Chippens absolut gestreckt und fest bleiben. Es darf sich nicht in Richtung auf den linken Unterarm bewegen. Tut es das dennoch, wird daraus der gelöffelte Schlag. Den Ball gut zu treffen und regelmäßig zumindest in Zielnähe zu bringen – von dieser Vorstellung müssen Sie bei solcher Technik Abschied nehmen.

Das richtige Gefühl

Was ist zu tun? Klemmen Sie sich ein Lineal unter die Uhr an Ihrem linken Arm, das über das Handgelenk bis zu Ihrem Handrücken reicht. Sofort wird sich das Gefühl einstellen, den Ball sauber zu treffen und ihn auch aufs Grün zu bringen, ohne dabei zu löffeln. Präzision stellt sich ein. Und weil Sie plötzlich so gut treffen, reduziert sich Ihre Chipbewegung auf ein nur kurzes Ausholen – gerade so, wie Sie das bei den guten Spielern immer wieder sehen können. Also bei Gefahr des Löffelns: im Treffmoment ein fester und gerader linker Handrücken. **Denken Sie immer an das Lineal, wenn's ans Chippen geht.**

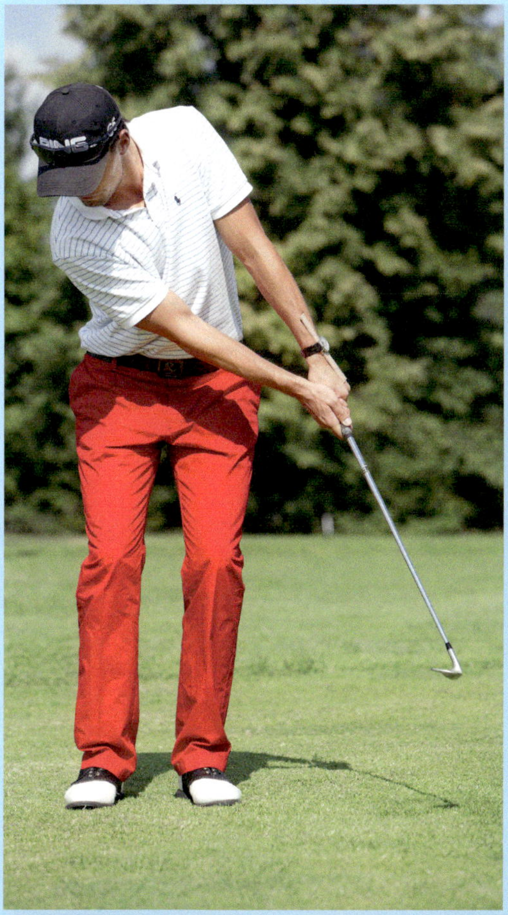

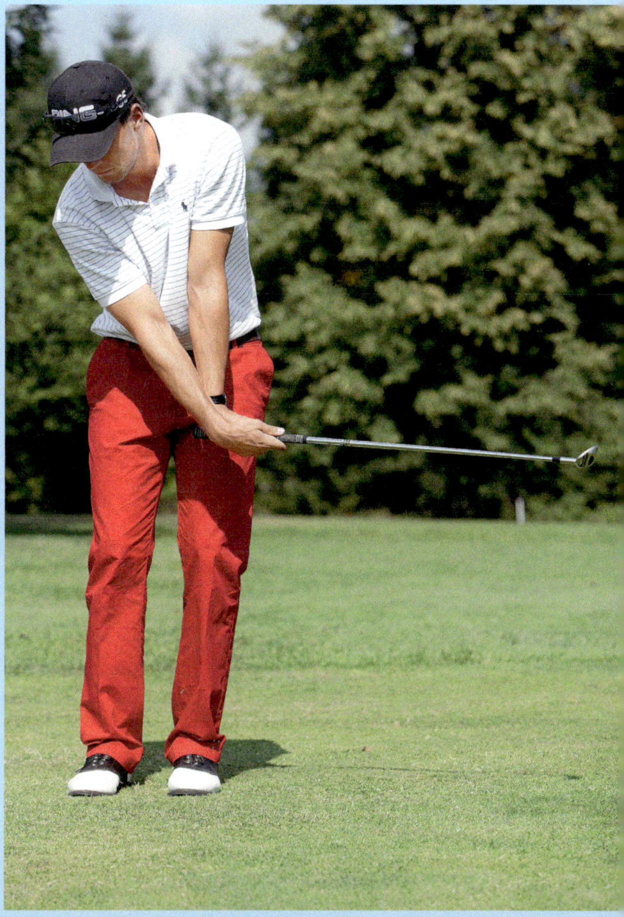

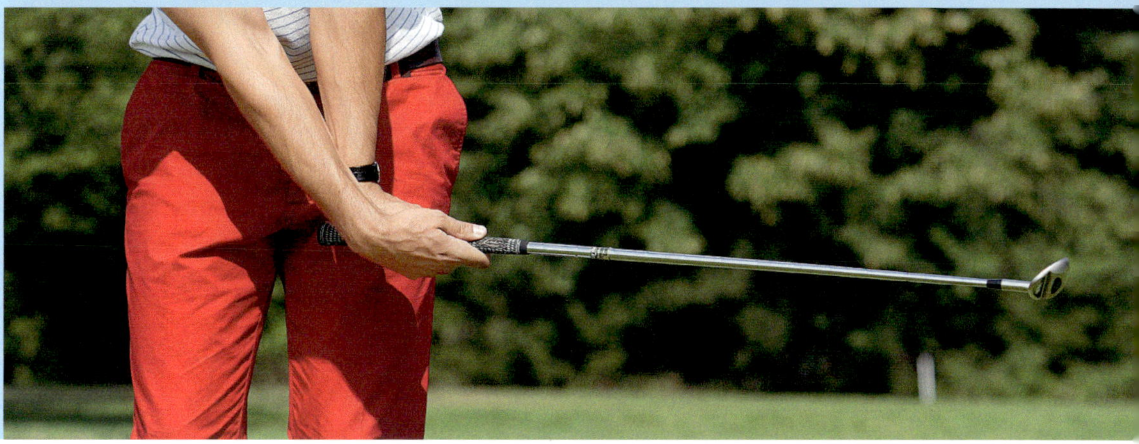

»Gegen das Lehrbuch«

Wieder einmal haben Ihnen die Bunker die Runde verhagelt. Zweimal drin gelegen, zweimal nicht rausgekommen, zweimal gestrichen. Ein, möchte man sagen, alltägliches Schicksal vieler Spieler.

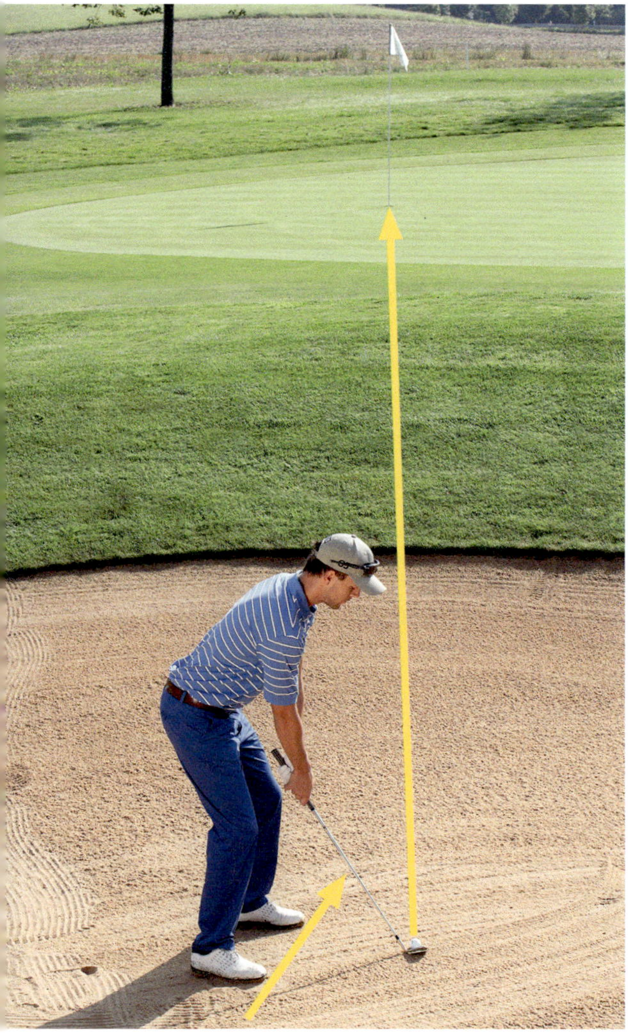

Dennoch: Zum Trost wird Ihnen das nicht gereichen. Sie müssen sich eingestehen, dass Ihnen eine hilfreiche Technik nicht bekannt ist, oder wenn Sie sie kennen sollten, Sie diese nicht wie gewünscht umsetzen können. Das alles mündet in einer regelrechten Bunkerphobie.

Analyse

Abgesehen davon, dass Angst jede Lösung eines Problems blockiert, kommen im Bunker eine Reihe ungewöhnlicher Dinge auf einen zu. Das Lehrbuch schreibt bekanntlich vor, dass das Schlägerblatt weit geöffnet sein muss, dass man weder mit dem Schlägerblatt noch mit der Ausrichtung des Körpers auf die Fahne zielen darf und dass der Einsatz der Handgelenke geradezu überaktiv sein muss. Da ist dann annähernd nichts dabei, was Sie schon können, was sich in Ihrem langen Spiel als gute Erfahrung herausgestellt hat.

Versuchen Sie es am besten mit einer Technik, die der englische Professional Neil Marr unlängst in »Golf Monthly« veröffentlicht hat. Er schwört darauf. Wir haben sie getestet und für gut befunden.

Wie die Abbildungen zeigen, ist der Stand geschlossen. Ihre Beine und damit Ihr Körper sind also nach rechts von der Fahne

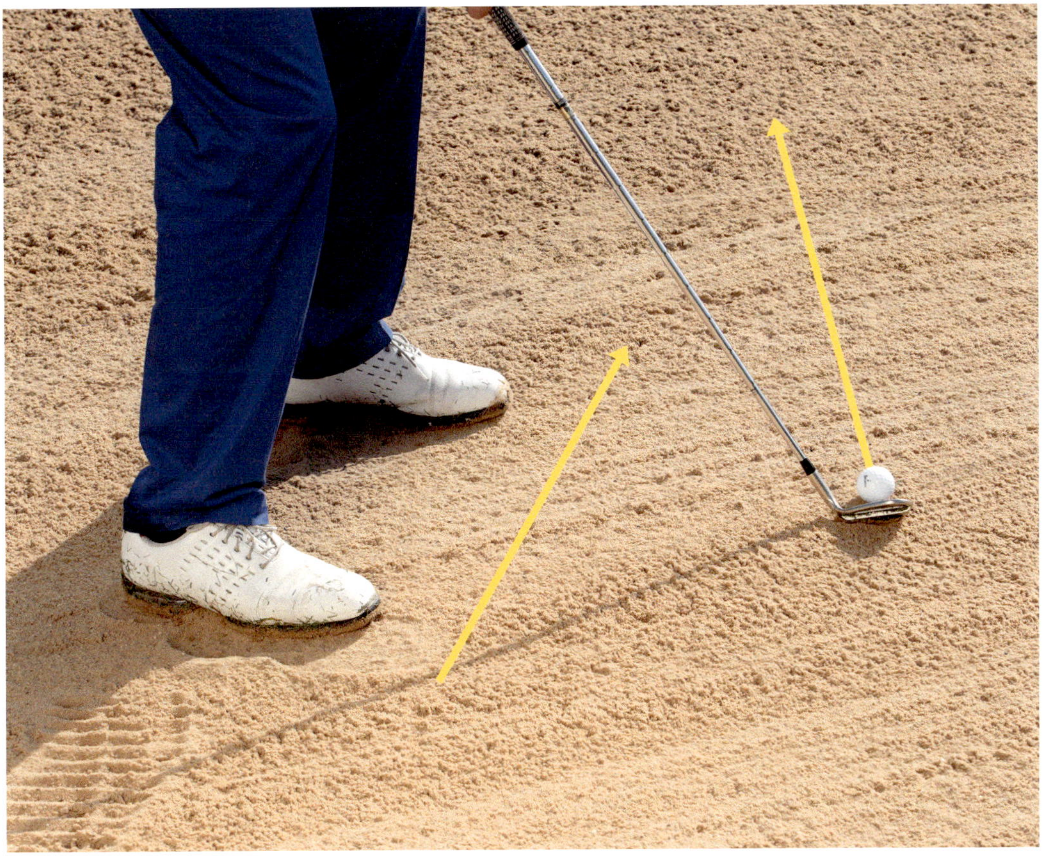

ausgerichtet. Sie schaffen sich damit mehr Bewegungsfreiheit für den geforderten Von-außen-nach-innen-Schwung. Das Schlägerblatt ist in »squarer« Stellung und weist auf die Fahne. Die moderne Konstruktion von Lob und Sand Wedges erfordert nicht notwendigerweise ein aufgedrehtes, Richtung Himmel weisendes Schlägerblatt. Sie können den Schläger handhaben, wie Sie es von Ihrem normalen Spiel gewohnt sind – unbedingt ein psychologischer Vorteil! Ihr Gewicht bleibt wie bei allen Schlägen aus dem Bunker auf der linken Seite, auf einen überbetonten Handgelenkseinsatz können Sie verzichten. Schwingen Sie ganz normal aufs Ziel zu.

Wir sind fast überzeugt davon, dass sich Ihr Bunkerspiel allein durch die Tatsache verbessert, dass Sie sich im Umgang mit Ihrem Schläger auf eine Technik verlassen können, die Ihnen in weiten Teilen schon geläufig ist. Achten Sie auf eins: Die Bälle haben in der Regel größere Längen, als wenn Sie mit der klassischen Bunkertechnik zu Werke gehen.

»Schließ das Schlägerblatt!«

Um dem gefürchteten »Spiegelei«, dem im Sand eingebohrten Ball (siehe Abbildung unten), erfolgreich Paroli zu bieten, sind bekanntlich zwei Vorgehensweisen das Mittel der Wahl. Beide Techniken unterscheiden sich in erster Linie durch die Stellung des Schlägerblatts im Treffmoment. Wenn Sie beide Möglichkeiten gegeneinander abwägen, sollten Sie grob gesprochen von Folgendem ausgehen:

- Ein offenes Schlägerblatt erfordert mehr technisches Können, hat aber den Vorteil, dass sich der Ball besser kontrollieren lässt. Diese Technik sollte guten Spielern vorbehalten bleiben.
- Das geschlossene Schlägerblatt macht das Entkommen etwas einfacher. Den Ball aber längenmäßig zu kontrollieren ist deutlich schwieriger. Er hat die Tendenz, lang auszurollen.

Wir brechen hier eine Lanze für das geschlossene Schlägerblatt, eben weil es bessere Chancen eröffnet. Den eingebohrten Ball herauszuspielen ist ohne Frage

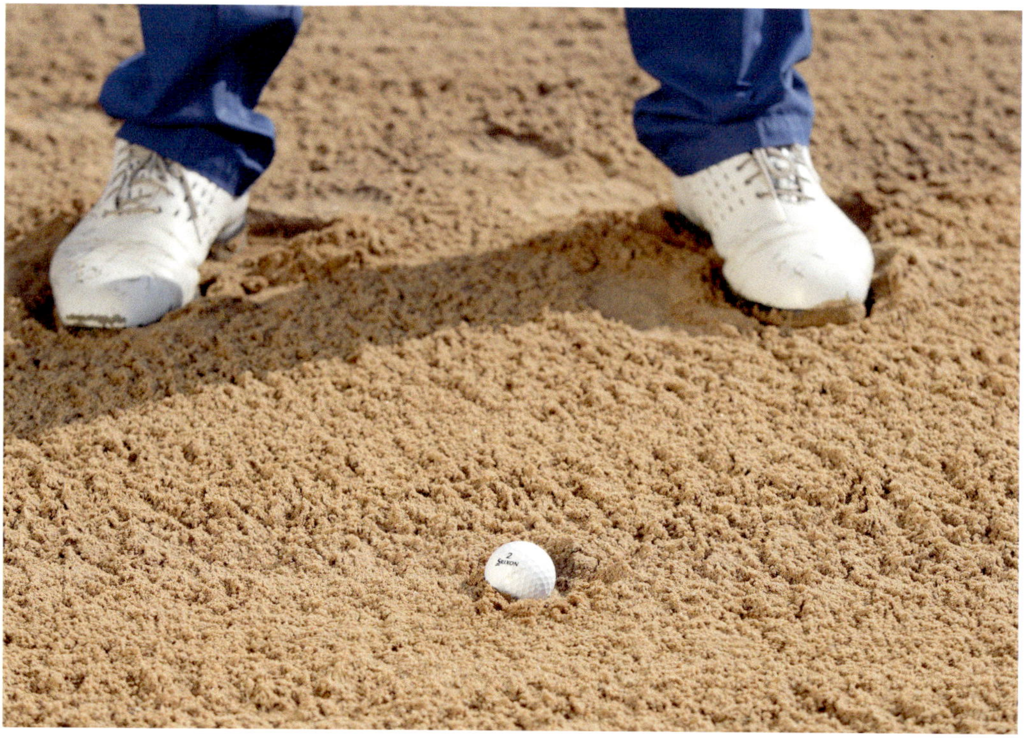

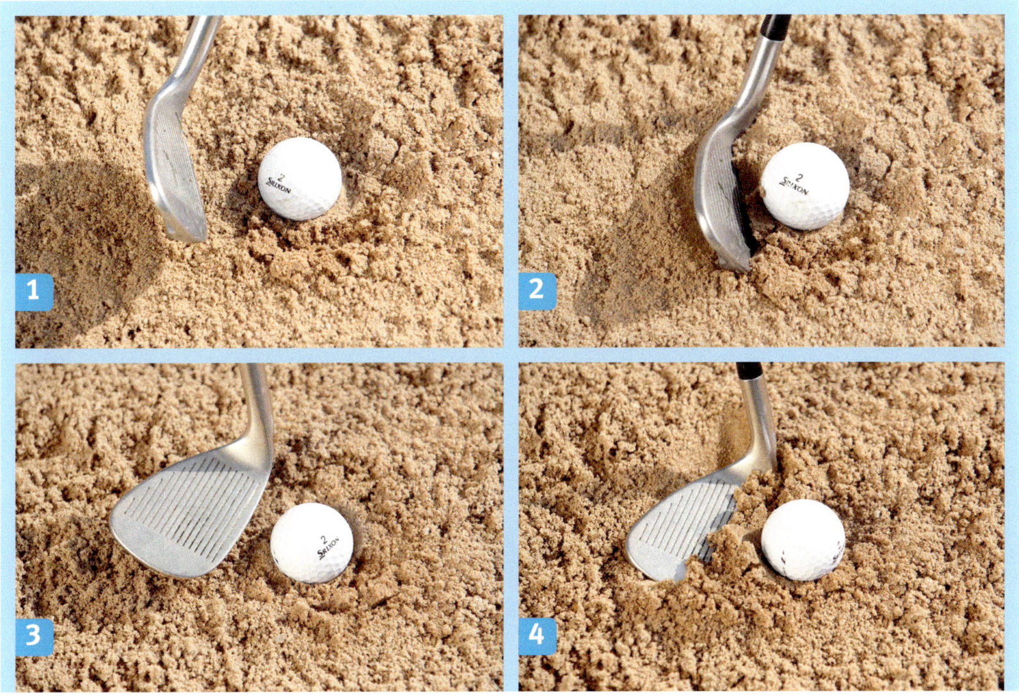

Mit einem geschlossenen Schlägerblatt (Abbildung 1, 2) versucht man, den Ball so zu treffen, dass sich nur ganz wenig Sand zwischen Schlagfläche und Ball befindet. Bei der Bunkertechnik mit offenem Schlägerblatt (3, 4) wird der Ball nicht direkt attackiert, sondern auf einem Standpolster quasi herausgeschnitten (siehe auch Seite 9).

für Spieler jeden Kalibers schwierig, und es ist daher viel erreicht, wenn man dem Bunker überhaupt entkommt. Träumen Sie nicht in einer solchen Situation von Schlägen nahe an die Fahne. Das vorrangige Ziel ist: **raus aus dem Sand!**

Warum ist diese Technik die etwas einfachere, sofern man hier von »einfach« überhaupt sprechen kann? **Ein geschlossenes Schlägerblatt** reduziert den »Bounce«, den Abpralleffekt, der im Sand Wedge eingebaut ist. Damit kann das Schlägerblatt ungebremst in den Sand eindringen. Es kommt zu einem soliden Ballkontakt. Schwingen Sie in steiler Ebene, wobei Sie einen Punkt knapp hinter dem Ball anvisieren. Ihr Gewicht ist deutlich links, womit Sie den Effekt der so wichtigen steilen Schwungebene noch verstärken. Halten Sie Ihren Körper so ruhig wie möglich, damit das Schlägerblatt präzise hinter den Ball kommt. Das Finish unterbleibt.

Unglaublich, werden Sie sagen, wenn Sie zum ersten Mal die Wirkung eines geschlossenen Schlägerblatts zu Ihrem Vorteil nutzen. Der Sand verliert an Schrecken.

»9 Uhr – 10 Uhr – 11 Uhr: Denk an die Uhr!«

Jack Nicklaus hat gesagt, dass die schwierigsten Schläge im Bereich zwischen 40 und 100 Metern lägen. Vor allem deshalb, weil neben der Genauigkeit sehr exakte Längenkontrolle erforderlich sei. Wir sprechen vom Pitchen. Sie können die jeweils erforderlichen Längen dadurch erreichen, dass Sie hart oder weniger hart zuschlagen, dass Sie unterschiedliche Schläger einsetzen oder Ihre Rückschwungbewegung variieren. Daraus aber ergeben sich auch Unwägbarkeiten. Präzises Pitchen mit solch einem Instrumentarium ist fast ein Ding der Unmöglichkeit.

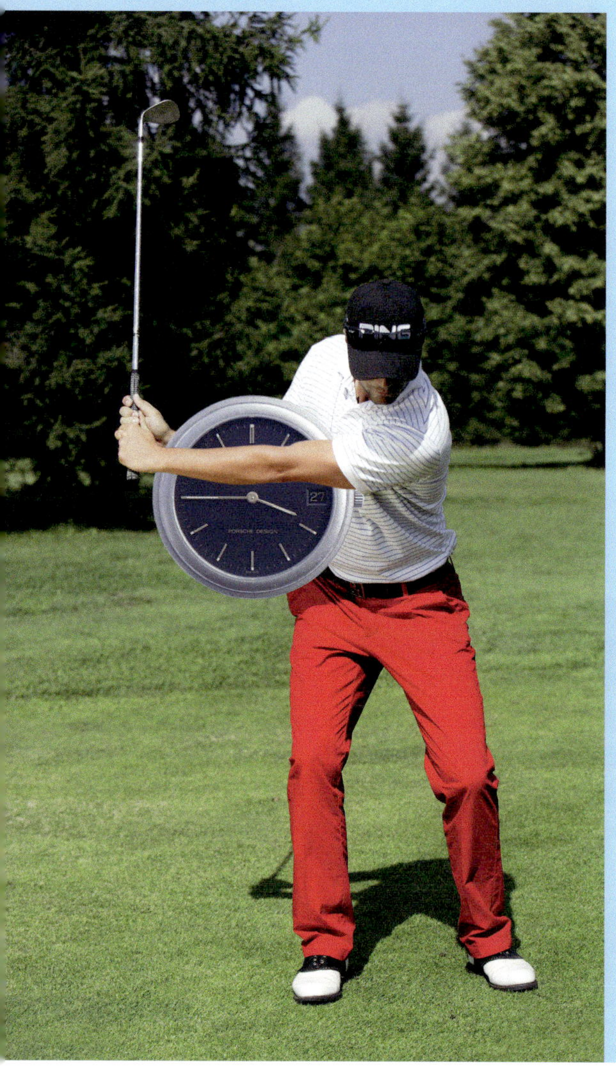

Haben Sie Distanzprobleme?

Sie helfen sich ab heute beim Pitchen mit der Uhr im Kopf. Ihr linker Arm übernimmt die Funktion des großen Zeigers, der für den Rückschwung drei Stellungen bereithält. Je nach Längenanforderung steht der Zeiger am Ende des Rückschwungs auf 9, 10 oder 11 Uhr. Wenn Sie sich dabei jeweils um ein annähernd gleiches Schwungtempo bemühen, können Sie bei einigem Üben jeder Zeigerstellung eine bestimmte Länge zuordnen, sodass zumindest die Distanzprobleme eine deutliche Linderung erfahren.

Von Spitzenspielern ist bekannt, dass sie dieser Längenkontrolle größte Aufmerksamkeit schenken. Sie messen im Training metergenau die erreichten Längen ab. Von ihren Trainern werden dabei die Armstellungen überprüft und gegebenenfalls im Zentimeterbereich korrigiert.

Besonders auf diesem Gebiet lohnt es sich, richtigen Übungseifer an den Tag zu legen, wenn Sie nämlich Protokoll darüber führen, wie diese Zeigerstellung für bestimmte Schläger wirkt. Wenn Sie vom Lob Wedge, über Sand und Pitching Wedge hin zum Eisen 9 alle diese Schläger in Ihr Trainingsprogramm einbeziehen, decken sie sämtliche Distanzen sagen wir von 30 bis zu 100 Meter exakt ab.

Die Uhr im Kopf zu haben ist in jedem Fall eine anatomische Besonderheit mit kurz- bis weitreichenden Folgen.

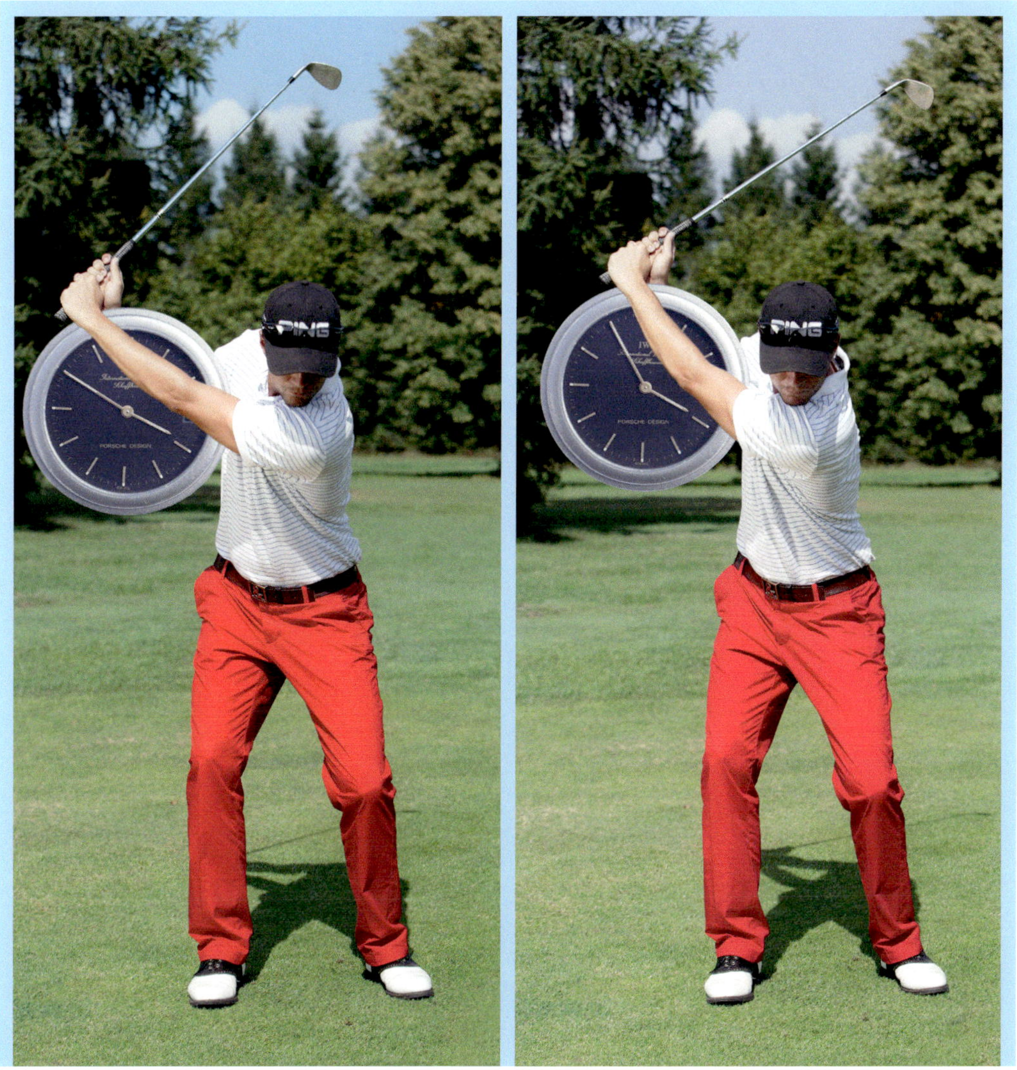

Bekenntnis zum »mental game«

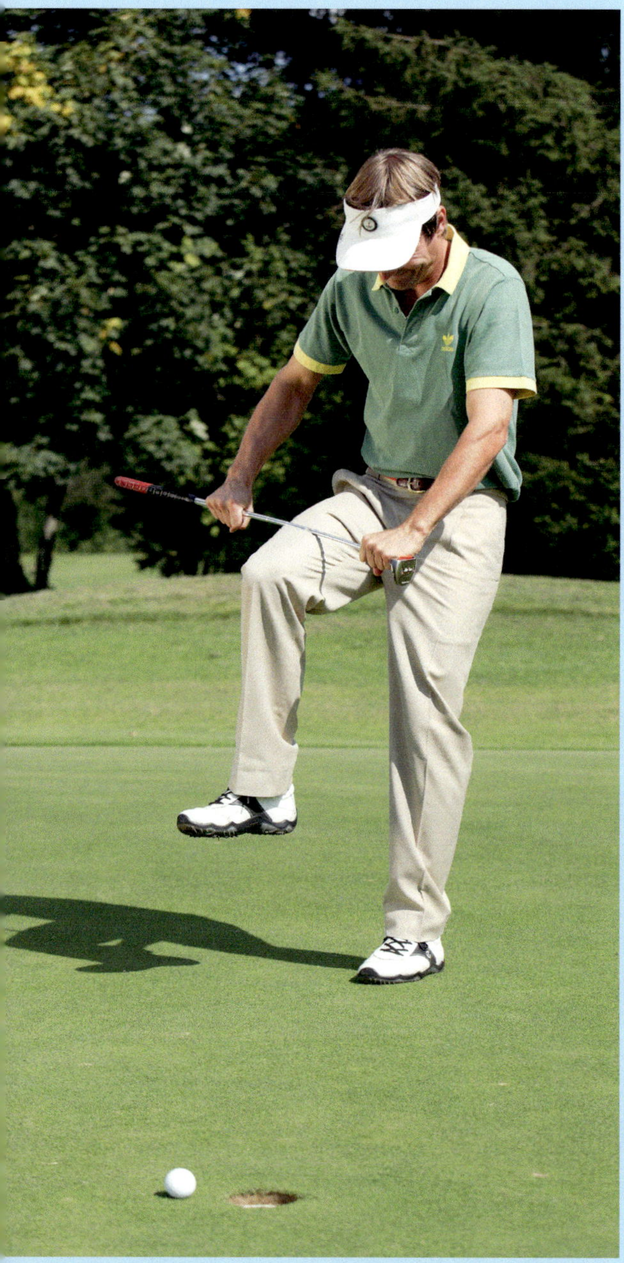

»Turniere zu spielen ist meinem Anspruch auf Perfektion nur abträglich.« Ben Hogan hatte auch hier seine eigene Anschauung. Für uns Normalsterbliche hingegen dreht sich doch meist alles um die entscheidende Frage, wie man gute Schläge in gute Scores verwandeln kann. Glücklich, wer sich hier auf erfolgversprechende Schwunggedanken stützen kann.

Es ist eine Erfahrung, die Sie womöglich auch schon gemacht haben: Wenn es auf der Turnierrunde in die heiße Phase geht, stehen wir uns oft selbst im Weg. Wir haben dann deutlich mehr Schwierigkeiten, mit uns selbst zurechtzukommen, als mit der Ausführung eines technisch schwierigen Schlags. Was wir sonst sozusagen im Schlaf beherrschen, misslingt auf ganzer Linie. Mit den Schwunggedanken, die wir Ihnen hier vorstellen, schaffen Sie Abhilfe. Sie garantieren Ihnen zwar keine guten Schläge, aber sie können Sie vor schlechten bewahren.

90 Prozent des Erfolgs

Das »mental game« muss genauso erlernt werden wie die technische Seite des Spiels. Wer gut Golf spielen will, muss beides

Frust und Missmut sind häufige Begleiter. Wer es gelassen nimmt, hat bessere Karten.

beherrschen. Doch während etwa die gewonnene Länge unmittelbar erfahrbar ist, nämlich dann, wenn endlich die Schultern einmal voll gedreht waren, ist der Erfolg mit der mentalen Seite des Spiels anders: er schleicht sich eher von hinten an. Wer den Umgang mit sich selbst auf dem Golfplatz verbessern will, darf keine Schnellschüsse erwarten. Wer jedoch ein klein wenig Geduld und Beharrlichkeit aufzubringen bereit ist, wird bald feststellen: »Mit diesen Schwunggedanken kann ich mir endlich helfen, wenn es auf der Runde ans Eingemachte geht.«

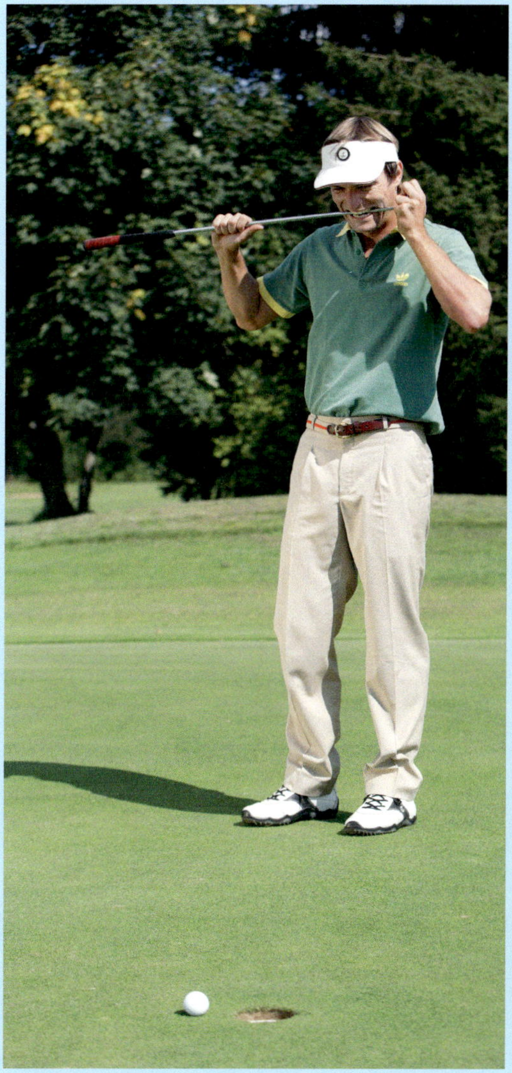

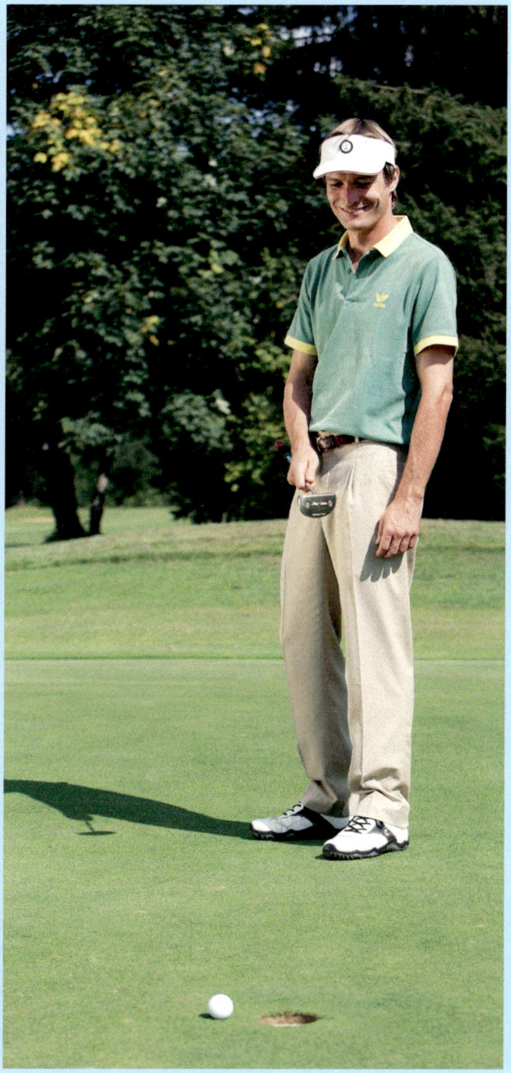

»Setz die Stoppuhr ein!«

Zu Beginn des Turniers haben Sie in den entscheidenden Momenten gutes Golf gespielt. Es waren zwar auch schlechte Schläge dabei – doch auf Ihr gutes Recovery konnten Sie sich verlassen. So ab dem dreizehnten Loch aber, zunächst noch unmerklich, schlich sich der Schlendrian ein. Wie aus heiterem Himmel haben Sie den Chip an der 14 über das ganze Grün gejagt und an der 15 genau jenen Schlag gemacht, den Sie unbedingt vermeiden wollten. Dieses ewige Warten auf den langsamen Flight vor Ihnen, ganz zu schweigen von Ihren behäbig agierenden Mitspielern, war irgendwann unerträglich. Und so war es auch diesmal wieder die gleiche Leier: Eine Runde konzentriert zu Ende zu spielen, gelingt Ihnen einfach nicht.

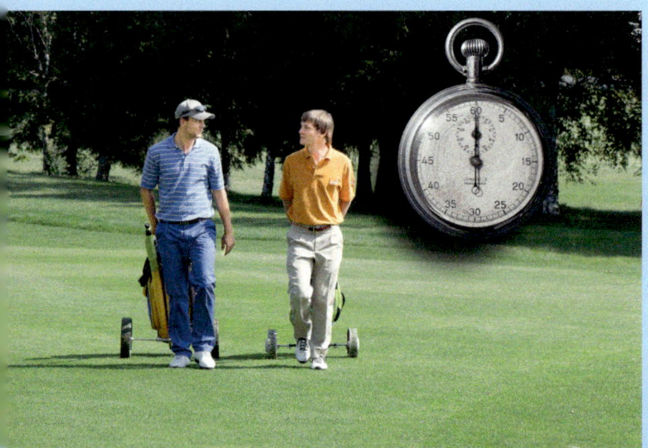

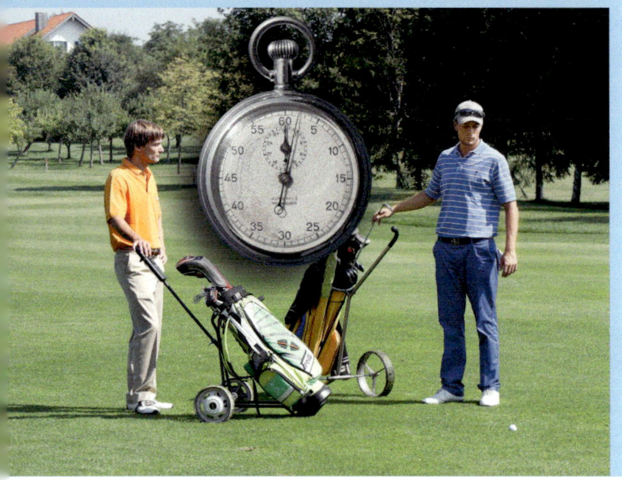

Analyse

Wenn Ihnen dieses geistige Ermüden regelmäßig zu schaffen macht, kämpfen Sie gezielt dagegen an. Trinken Sie, was das Zeug hält (siehe dazu Seite 18) und betätigen Sie die **Stoppuhr**.

»Don't forget to smell the flowers along the way« (»Nimm auch den Duft der Blumen wahr«), war Walter Hagens berühmtes Mentalrezept. Es ist von zeitloser Gültigkeit. Konzentrationsprobleme auf und besonders gegen Ende der Runde haben häufig damit zu tun, dass wir diesen klassischen Rat nicht beherzigen. Sollten auch Sie sich das eingestehen, so teilen

Die Stoppuhr im Kopf zu haben und sie auch sekundengenau zu betätigen, ist das Einmaleins des »mental game«. Wer ihren Gebrauch nicht kennt oder ihn vernachlässigt, muss zu drastischeren Mitteln greifen (siehe die beiden folgenden Schwunggedanken).

Sie vermutlich den weitverbreiteten Irrglauben, erfolgreiches Golf sei vor allem eine Frage totaler Konzentration.

Dabei ist es unmöglich, sich über die ganze Zeit einer Golfrunde voll zu konzentrieren. Beim Golf muss man daher lernen, zwischen Phasen intensiver Konzentration und ebenso intensiv genutzter Entspannung zu oszillieren. Helfen könnte Ihnen dabei eine Stoppuhr vor Ihrem geistigen Auge, die Ihnen nur eine Stunde Konzentrationszeit belässt. Mehr dürfen Sie auf den 18 Löchern nicht verbrauchen. Lassen Sie die Stoppuhr zu Beginn der Schlagvorbereitung laufen und halten Sie sie dann auch wieder bewusst an, wenn Sie den Schlag ausgeführt haben. Dieses Vorgehen wiederholt sich bei jedem einzelnen Schlag. Anschalten und eben auch wieder Ausschalten, darum geht es, wenn Sie sich Ihre Konzentrationsfähigkeit bis zum Rundenende erhalten wollen. Sie müssen also lernen, sich auf jeden Schlag neu zu konzentrieren und die Konzentration nach dem Schlag auch wieder abfallen zu lassen.

Die Zeit zwischen den Schlägen dient der mentalen Entspannung. Die Bedeutung dieses Abflauens des Konzentrationsniveaus können Sie gar nicht hoch genug einschätzen! Machen Sie sich bewusst, dass die weitaus meisten Probleme der Golfpsychologie daher rühren, dass Golfspieler zwar Start-, nicht aber Stoppsignale auf der Runde mitführen.

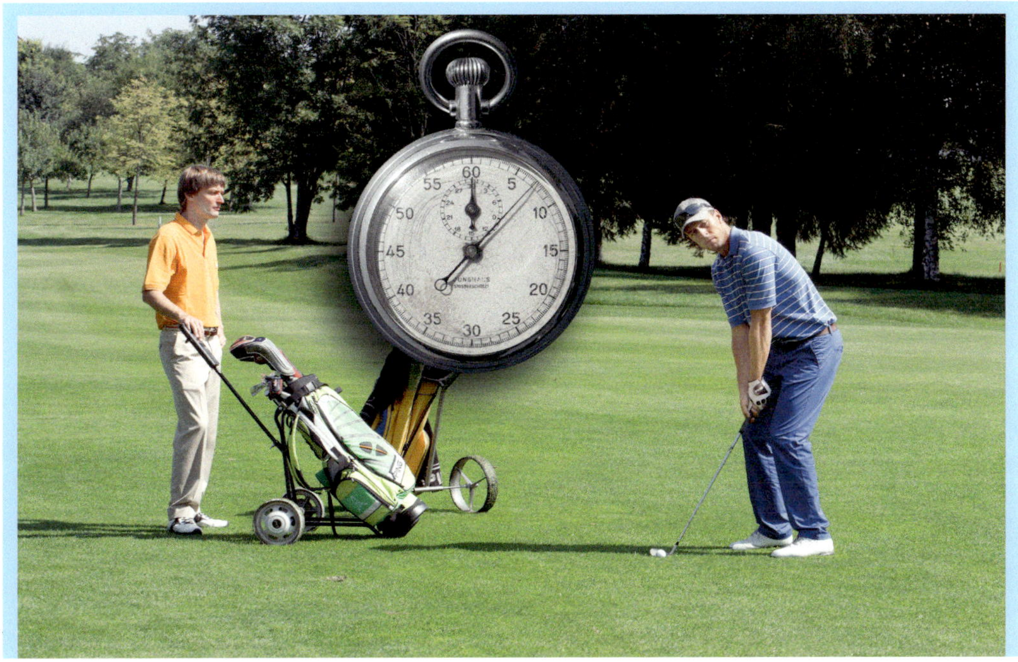

»Vergiss das Stoppschild nicht!«

Mein Gott, hätte ich doch bloß den letzten Bunkerschlag nicht über das ganze Grün gedonnert! Dann läge ich jetzt immer noch einigermaßen. Wie kann man nur so blöd sein, ausgerechnet an diesem einfachen Loch? Warum habe ich überhaupt da reingeschlagen? Da übt und übt man, und dann? Jetzt habe ich mir schon wieder aus eigener Blödheit den Score versaut. Nicht einmal den Chip zurück habe ich an die Fahne gebracht. Wenn es schon mal darauf ankommt, dann hacke ich in den Boden. Ich kann es einfach nicht ... »Wie bitte? Ach ich bin dran, ja genau. Entschuldigung, war ganz in Gedanken ...«

Analyse

Ob der nächste Schlag wohl ein guter war? Hier hat jemand vergessen, die bereits erwähnte Stoppuhr (siehe dazu S. 96 f.) anzuhalten. Damit Ihnen das nicht immer wieder passiert, empfehlen wir Ihnen an dieser Stelle das **Stoppschild**.

Wir alle kennen Situationen wie diese – manchmal ist der Ärger einfach zu groß. Wir hadern mit uns und unserem Schicksal und nehmen in Kauf, dass es mit unserer ohnehin strapazierten mentalen Verfassung immer weiter in den Keller geht. Oft ist es nur ein einziger schlechter Schlag, der die Aufmerksamkeit bindet, die dann den nächsten Schlägen fehlt. Schlimmer noch: Die »mental power« kreist nur noch ums Negative und man verfällt in Selbstgespräche, in denen man mit sich selbst in einer Weise umgeht, die man von anderen niemals akzeptieren würde. Größte Gefahr für das Selbstvertrauen!

Was Ihnen hier helfen kann, ist der Gedanke an ein übergroßes, feuerrotes Stoppschild. Halten Sie es in Ihrer mentalen Golftasche stets griffbereit. Stellen Sie es blitzartig auf, wenn Sie sich dabei ertappen, zwischen den Schlägen mit sich selbst und Ihren vergangenen Ergebnissen zu hadern. »Vollbremsung!«, muss da Ihr Motto lauten.

Also, wenn's schiefgegangen ist, das **Stoppschild** raus!

Klar, dass sich jeder von uns ärgert, wenn er einen schlechten Schlag gemacht hat. Klar ist aber auch: Wer anschließend in eines tiefes psychologisches Loch fällt und es dann versäumt, sich schnell (bis zum nächsten Schlag am besten) daraus zu befreien, für den dürfte die Runde gelaufen sein. Vor allem noch unerfahrenen Spielern hat sich vielfach nicht erschlossen, dass Golf nicht ein Spiel reiner Handwerkskunst ist, sondern dass ein ganz wesentliches Kriterium darin besteht, bei Misserfolgen so mit sich selbst umzugehen, dass auf einen Fehler nicht ein Desaster folgt.

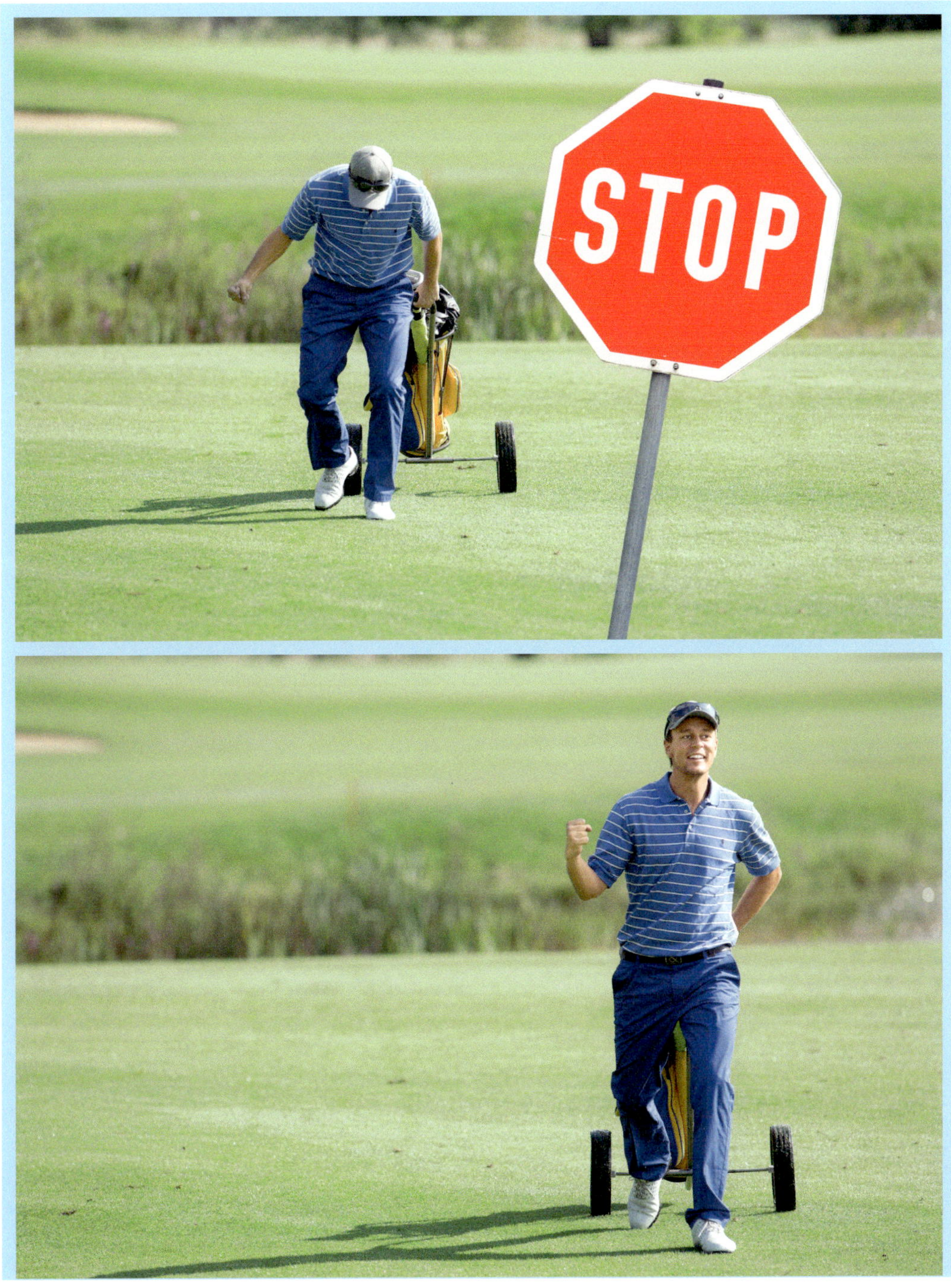
STOP

»Jetzt erst recht!«

»Hoffentlich habe ich bald keine Bälle mehr, dann hat das Elend ein Ende. Es ist sowieso egal, was ich mache: es wird immer nur noch schlimmer. Ich werde es wohl nie lernen. Ich kann es einfach nicht!«

Weder Stoppuhr noch Stoppschild eingesetzt

Hier sind jetzt alle Masken gefallen. Die Schlagroutine ist dahin. Der Wechsel aus Konzentrations- und Entspannungsphasen ist einer Mischung aus Verzweiflung, Selbstbeschuldigung und Sarkasmus gewichen. Ganz offensichtlich konnten auch die bereits geschilderten mentalen Rettungsanker nicht verhindern, dass ein Tsunami der Destruktivität die letzten Reserven fortgespült hat.

Im permanent negativen Selbstgespräch wird es indes nur schwer gelingen, das »golfing mind« (so der Titel eines lesenswerten Buchs der englischen Golfautorin Vivien Saunders) mit der gewünschten biomechanischen Bewegungssoftware zu programmieren. Im Gegenteil: Dauerhaft destruktive Selbstgespräche haben das Potenzial, ihre vermeintliche Ursache, das schlechte Spiel nämlich, gerade erst zu erzeugen. Ein von Stoppsignalen ungebremster Zug negativer Gedanken, möglicherweise nur von ein, zwei schlechten Schlägen ins Rollen gebracht, entwickelt seine ganz eigene Dynamik. Schlechte Schläge finden dann nicht in den Bewertungen, sondern die Bewertungen in den schlechten Schlägen ihre Bestätigung. Wenn man sich unablässig mit seinen Fehlern auseinandersetzt, denkt das Gehirn, dass man mehr davon wolle.

»Wenn man sich dagegen auf Erfolg programmiert«, hält da Gary Leboff (ein Golfpsychologe, der sich regelmäßig in englischen Fachzeitschriften zu Wort meldet) entgegen, »dann bekommt man eben auch diesen.« Wer von der Wirkungsmächtigkeit negativer Autosuggestion so eindrucksvoll überzeugt worden ist, der sollte auch der positiven Variante einiges zutrauen. Die trainierte Golfpsyche nämlich versucht eine Art positiven Trotzes im Sinne von: **Jetzt erst recht!**

Das geht nun nicht so ohne weiteres, indem man den Schalter umlegt und sagt, ab jetzt nur noch positiv. So etwas ist der menschlichen Natur nicht gegeben. Man muss bescheidener anfangen.

Erster Schritt

Sie sollten deshalb zunächst alles daransetzen, die Kette negativer Gedanken zu durchbrechen. Folgen Sie dazu dem Rat der Golfpsychologen und machen Sie sich den Inhalt Ihrer negativen Selbstgespräche ungeschönt bewusst. Sprechen Sie die Sarkasmen und Beschuldigungen laut aus, mit denen Sie sich selbst bedenken. Besonders wirkungsvoll ist das, wenn es Ihnen gelingt, dabei Ihre Stimme zu verstellen, tiefer, höher, schneller oder langsamer zu sprechen und Sie sich auf diese Weise vor sich selbst und Ihren Mitspielern der Lächerlichkeit preisgeben. Das dient nicht nur der Seelen- und Geistesreinigung. Es hilft Ihnen auch, sich gänzlich darüber klarzuwerden, dass Sie »misshits« produzieren, weil in Ihrem Geist schon von vorneherein feststeht: Das kann gar nicht gut gehen! Davon geht eine Initialzündung aus. Denn wenn Sie begreifen, dass Sie der Urheber sind, dann können Sie auch das genau Entgegengesetzte erreichen.

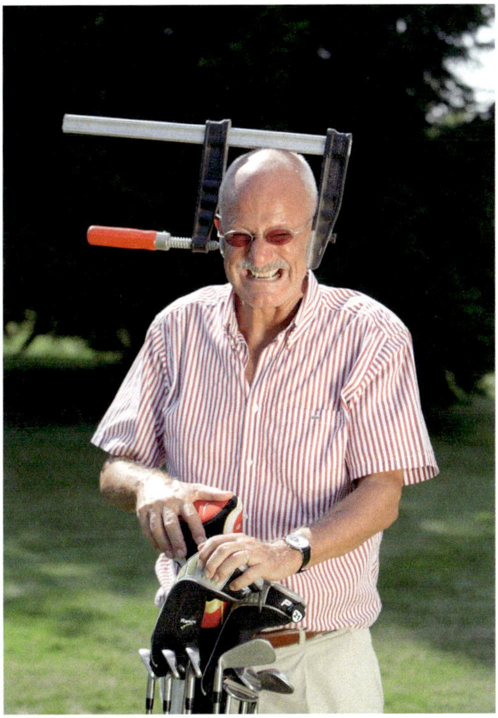

Sie erzwingen förmlich das eigene Unglück. Je mehr Sie sich selbst anklagen, umso größer das spielerische Desaster und umso kleiner die Chance, wieder Tritt zu fassen.

Zweiter Schritt

Ein gutes Bild für den zweiten Schritt ist es, wenn man das halb leere Glas in ein halb volles verwandelt. So gelingt es Ihnen, sich wieder Schritt für Schritt »hochzuhangeln«. Und weil letztendlich eine Riesenaufgabe vor Ihnen liegt, die, um es zu wiederholen, nicht mir nichts, dir nichts zu lösen ist, muss man versuchen, das portionsweise in den Griff zu kriegen. Also etwa, indem meine Bewertung von einem nicht unbedingt gelungenen Schlag das Positive herausfiltert. Ein Beispiel: Wenn ich eine Fahne direkt attackieren will und der Ball landet zehn Meter entfernt davon, dann würde die negative Bewertung so aussehen: Ziel nicht erreicht. Die Positive hingegen sagt: Grün getroffen und gute Möglichkeiten für das Putten.

Dritter Schritt

So gelingt es Ihnen in einem dritten Schritt, langsam wieder Vertrauen in Ihre eigenen Fähigkeiten zu finden. Schwunggedanken sind auch in diesem Fall die entscheidende Stütze. Indem Sie Ihre Aufmerksamkeit auf ein Detail fokussieren, geben Sie Ihren Selbstbewertungen Raum, sich schrittweise ins Positive umzupolen.

Trotzen Sie künftig der mentalen Folterkammer: **Jetzt erst recht!**

»Zeig Dir die rote Karte!«

»Ich hab's gewusst!« Keinen Ausruf hört man auf unseren Golfplätzen öfter. Keiner folgt so scheinbar automatisch auf Hack, Top, Socket und all die anderen Gemeinheiten, die der Golfsport für uns bereithält. Bei keinem Ausruf schwingt größeres Entsetzen mit, keiner ist stärkerer Ausdruck der Demütigung.

Man steht über dem Ball und fühlt sich unwohl. Man weiß, dass es schiefgehen wird und kann sich doch nicht selbst helfen ...

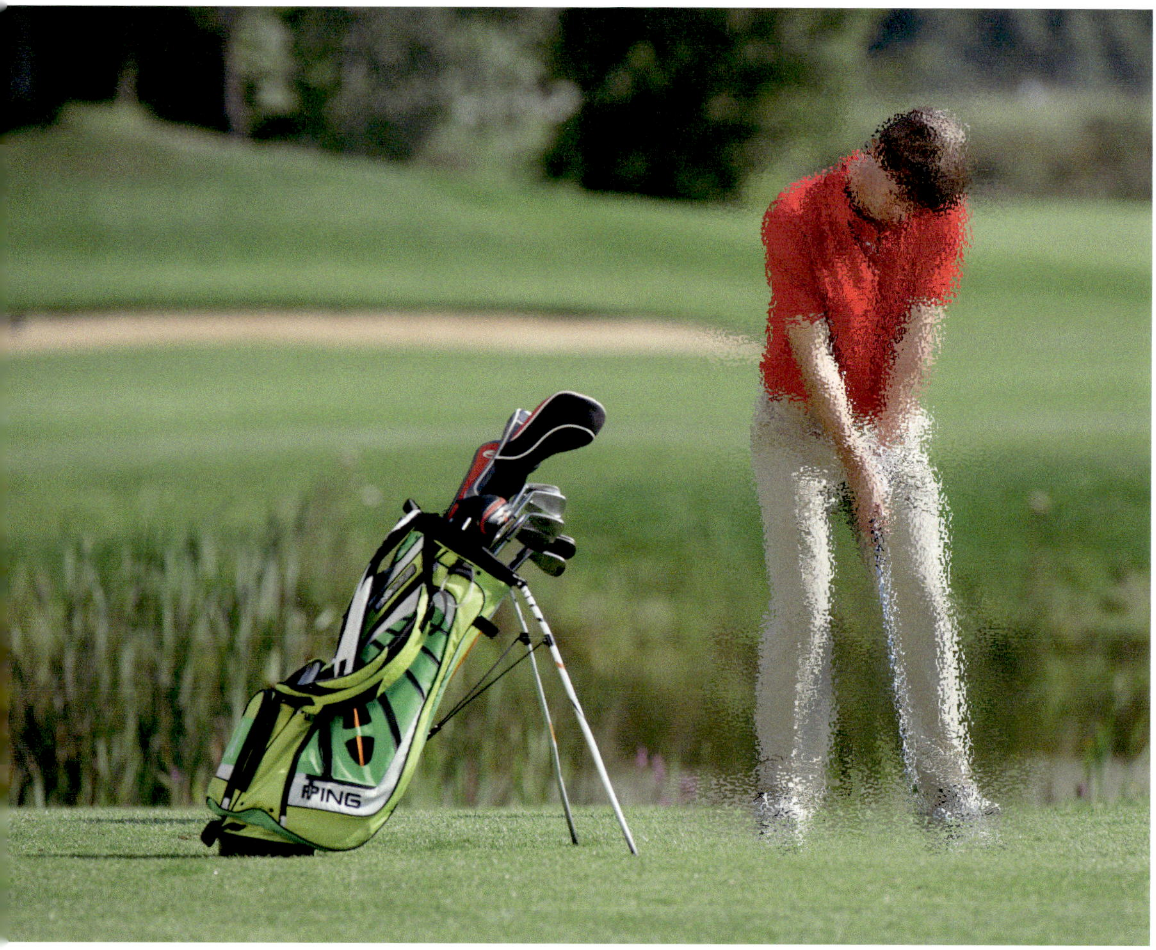

Auch den Mitspielern kann eine solche Unsicherheit am Ball nicht verborgen bleiben.

Analyse

Sicher kennen Sie das: das ungute Gefühl beim Ansprechen des Balls, das sich in schlechten Schlägen dann leider bestätigt.

Die rote Karte ist ein wertvoller Rettungsanker, auf den Sie sich in solchen Situationen verlassen können.

»Hab' ich's doch gewusst!«, macht wie kein anderer Kommentar die negativen Gedanken sichtbar, mit denen man sich auf den Schlag vorbereitet hat. Die paradoxe Situation aber, dass man schlechte Schläge produziert, weil man sie vorausahnt, beinhaltet auch eine gute Nachricht: Wer es schafft, den negativen Vorahnungen rechtzeitig Einhalt zu gebieten, der kann künftig auch den golferischen Demütigungen eine Abfuhr erteilen.

Zeigen Sie sich die rote Karte, wann immer Sie sich über dem Ball unwohlfühlen! Stellen Sie sich künftig bei jedem groben Foul an Ihrem Selbstvertrauen vom Platz. Und zwar auch dann, wenn Sie nach Ihrem mentalen Probeschwung (siehe Seite 106) bereits alle Signale auf Grün gestellt haben. Scheren Sie sich nicht um die kleine Spielverzögerung. Folgen Sie stattdessen den Anweisungen, die Sie sich vor der Runde auf Ihrer roten Karte notiert haben:

1. Stopp!
2. Weg vom Ball!
3. Alles auf null!

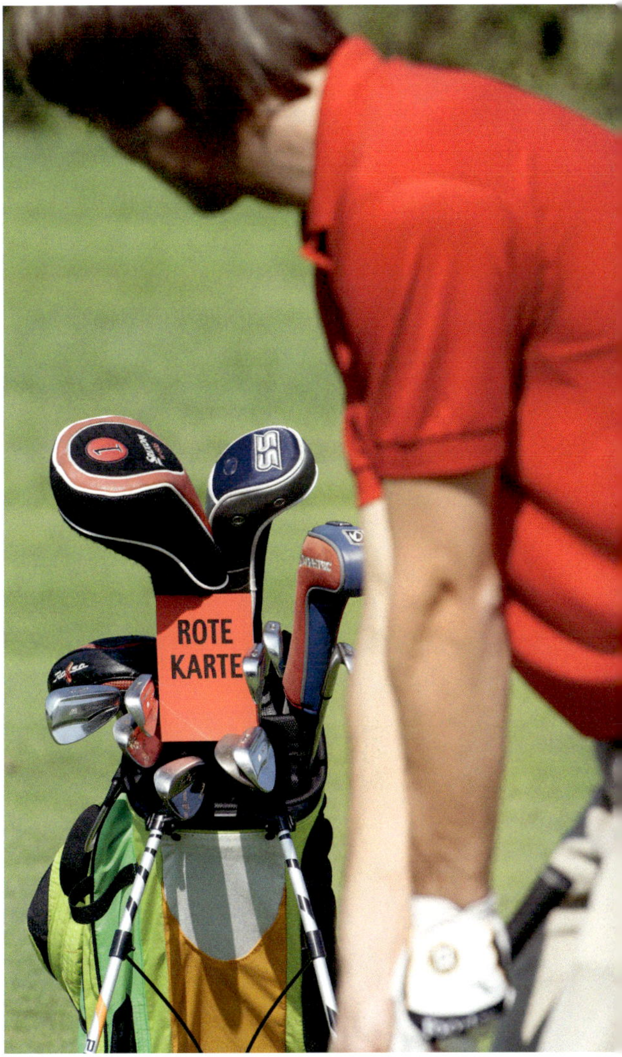

Ein 15. Schläger, der mit den Golfregeln vereinbar ist

In Zukunft haben Sie neben der Scorekarte auch immer Ihre rote Karte griffbereit. »Ich hab's gewusst« kehrt sich dann ins Positive. Sie wissen plötzlich, dass der nächste Schlag gelingen wird.

»Spiel schneller!«

Ein ganz simpler Gedanke kann wahre Scoring-Wunder bewirken: **Beschleunigen Sie Ihr Spiel**, wenn Sie das nächste Mal zu einer Turnierrunde antreten. Dieser Schwunggedanke, so mögen Sie einwenden, scheint geradezu kontraproduktiv, schließlich möchten Sie sich besonders anstrengen, wenn es um etwas geht. Stimmt genau, wenden wir hier ein. Genau deshalb: schneller spielen!

Analyse

Die enttäuschenden Schläge auf einer Runde rühren oftmals daher, dass Sie nicht auf die in Ihrem sogenannten Muskelgedächtnis abgespeicherten Bewegungsprogramme vertrauen. Im Bemühen, es ganz besonders gut machen zu wollen, kann sich das Gehirn nur allzu leicht mit Informationen überfrachten. Wenn dann dazu noch der Zweifel kommt, ob man auch wirklich alles bedacht hat, landet man unausweichlich in Teufels Küche. Erinnern Sie sich doch einmal an Ihr letztes Turnier. Einer Ihrer Mitspieler verfiel vor jedem Schlag in lang anhaltendes Grübeln. Wirklich gute Schläge resultierten daraus allerdings nicht, was den Verdacht nahelegt, dass zu viel Analyse kontraproduktiv sein kann.

Wer gutes Golf spielen will, muss lernen, einem überaktiven Verstand nicht zu viel Angriffsfläche zu bieten. Denn die meisten Probleme mit der mentalen Bewältigung des Spiels haben Ihren Ursprung darin, dass man zu viel und nicht zu wenig Zeit zum Nachdenken hat. Eben weil man nicht – wie etwa beim Tennis – fast instinktiv reagieren muss, sondern in aller Ruhe agieren kann, besteht die Gefahr, ganze Heerscharen an Negativgedanken in sich aufmarschieren zu lassen. Die bereits erwähnte Vivian Saunders hält das für das größte Handicap beim Golf überhaupt. Schnell zu spielen hingegen ist der bewusste Versuch, Störgedanken sich möglichst wenig entfalten zu lassen. Denken Sie daran, was Ihnen auf der Range alles gelingt. Dort schlagen Sie Ihre Bälle eher spontan und in schneller Folge. Und seien Sie ehrlich: Besonders analytisch geht es dabei nicht zu.

Behalten Sie diese Vorgehensweise auch auf der Runde bei. Versuchen Sie es doch auf der nächsten einmal bewusst, weniger zu denken und schneller zu spielen. Sie werden staunen, wie viel Positives dabei herauskommt.

Es muss ja nicht gleich in einen Dauerlauf ausarten ... Den Grundsatz jedoch, auf dem Golfplatz zügig zu agieren, sollten Sie sich generell zur Pflicht machen. Er schützt nicht zuletzt vor dem Übereifer, es ganz besonders gut machen zu wollen. Und ganz nebenbei: Ihre Mitspieler und vor allem der nachfolgende Flight werden es Ihnen danken.

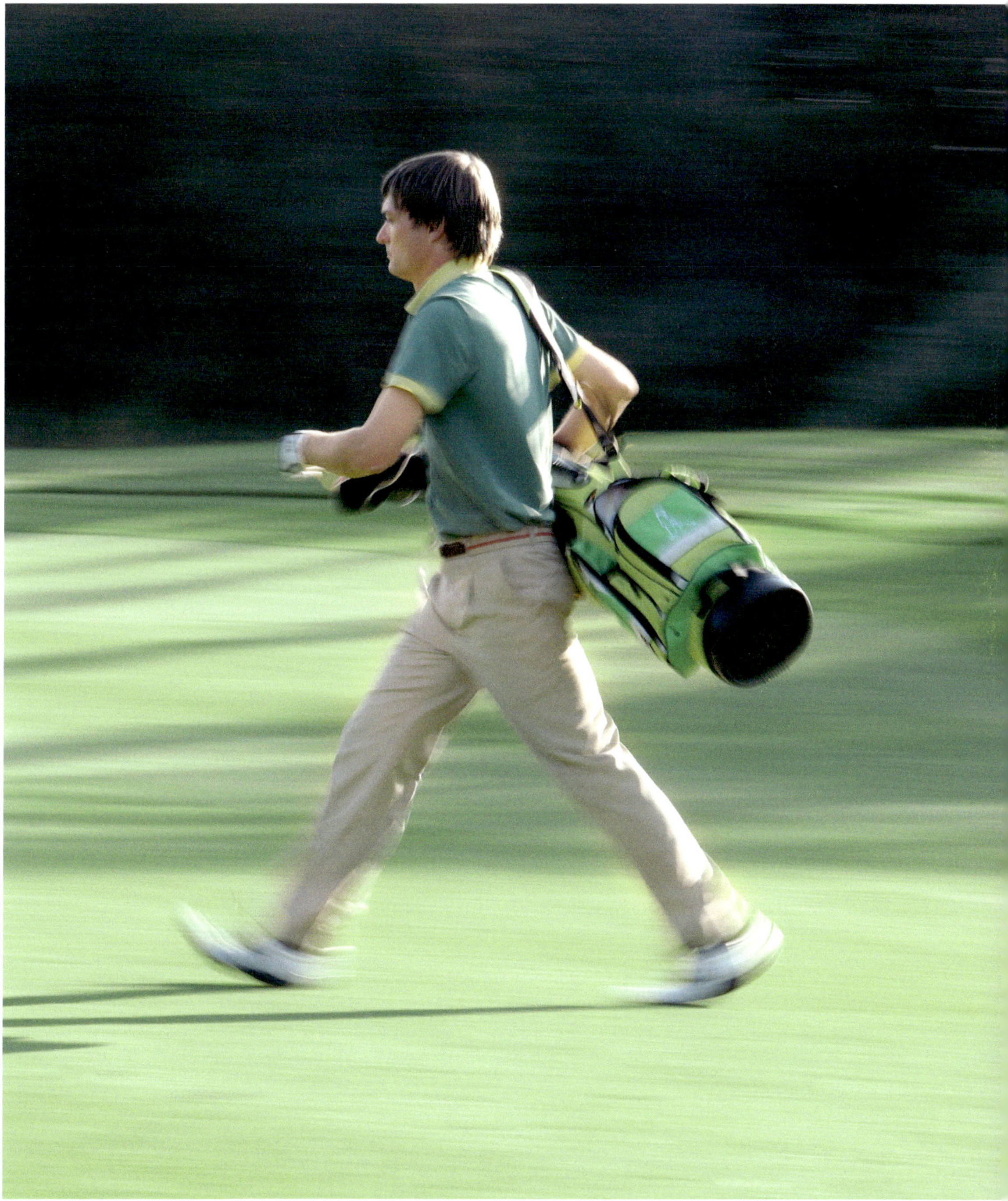

»Mach's mit ... und nie ohne!«

Sie waren sich der Gefahr bewusst. Wasser zwischen Ball und Fahne so weit das Auge reicht. Jetzt nur keinen Fehler machen! Nur irgendwie drüber! Sie beteten geradezu. Es waren keine 80 Meter. Der Ball wurde nass und Ihr Score ging baden.

Analyse

Für Laura Davies, mit über 60 Profi-Siegen eine überragende Spielerin der letzten Jahrzehnte, ist die Sache klar: Man darf niemals daran denken, wo man **nicht** hinspielen will. Wenn man nur ans Wasser denkt, dann liegt der Ball schon drin.

Abhilfe schafft ein simpler Gedanke: **Mach's mit ... und nie ohne!** Gemeint ist – ein konkretes Ziel.

Das Gehirn ist nicht in der Lage, zwischen positiven und negativen Anweisungen zu unterscheiden: »It interprets ›don't‹ as ›do‹«, sagt Gary Leboff. Wenn Sie sich also vornehmen, »nur nicht ins Wasser« zu schlagen, wird in Ihrem Gehirn das Programm »Wasser« geladen. Dass Sie das gerade nicht wollten, diese Information geht nachweislich verloren. Ihr Gehirn tilgt das negative Vorzeichen.

Wenn Sie Wasser, Wald und sonstige Widrigkeiten aus dem Spiel halten wollen, so der einhellige Rat der Spitzenspieler, müssen Sie immer ganz genau festlegen, wohin der Ball fliegen soll.

Machen Sie's immer mit und nie ohne genaues Ziel.

Bestimmen Sie den Landepunkt des Balls und setzen Sie alles daran, ihn genau dorthin zu schlagen. Nutzen Sie dazu Ihre Vorstellungskraft und lassen Sie die dazu notwendige Schwungbewegung in allen Einzelheiten vor Ihrem geistigen Auge ablaufen. Versuchen Sie eine exakte Vorwegnahme Ihres nächsten Schlags. Machen Sie's also auch immer mit und nie ohne mentalen Probeschwung.

Sie wappnen sich somit in zweierlei Hinsicht für die bevorstehende Aufgabe. Zum einen schützen Sie sich davor, sich mit negativen Anweisungen zu programmieren. Wie genau sähe es aus, nicht ins Wasser zu schlagen? Zum anderen geben Sie sich selbst klare Instruktionen, was Sie jetzt zu tun haben. Sie können sich ganz darauf konzentrieren, die Schwungbewegung in die Tat umzusetzen. Die Angriffsfläche für negative Gedanken haben Sie somit nachhaltig reduziert.

Um Störfaktoren erfolgreich auszublenden, müssen Sie alles daransetzen, sich punktgenau auf Ihr Ziel zu konzentrieren (siehe dazu auch Seite 21).

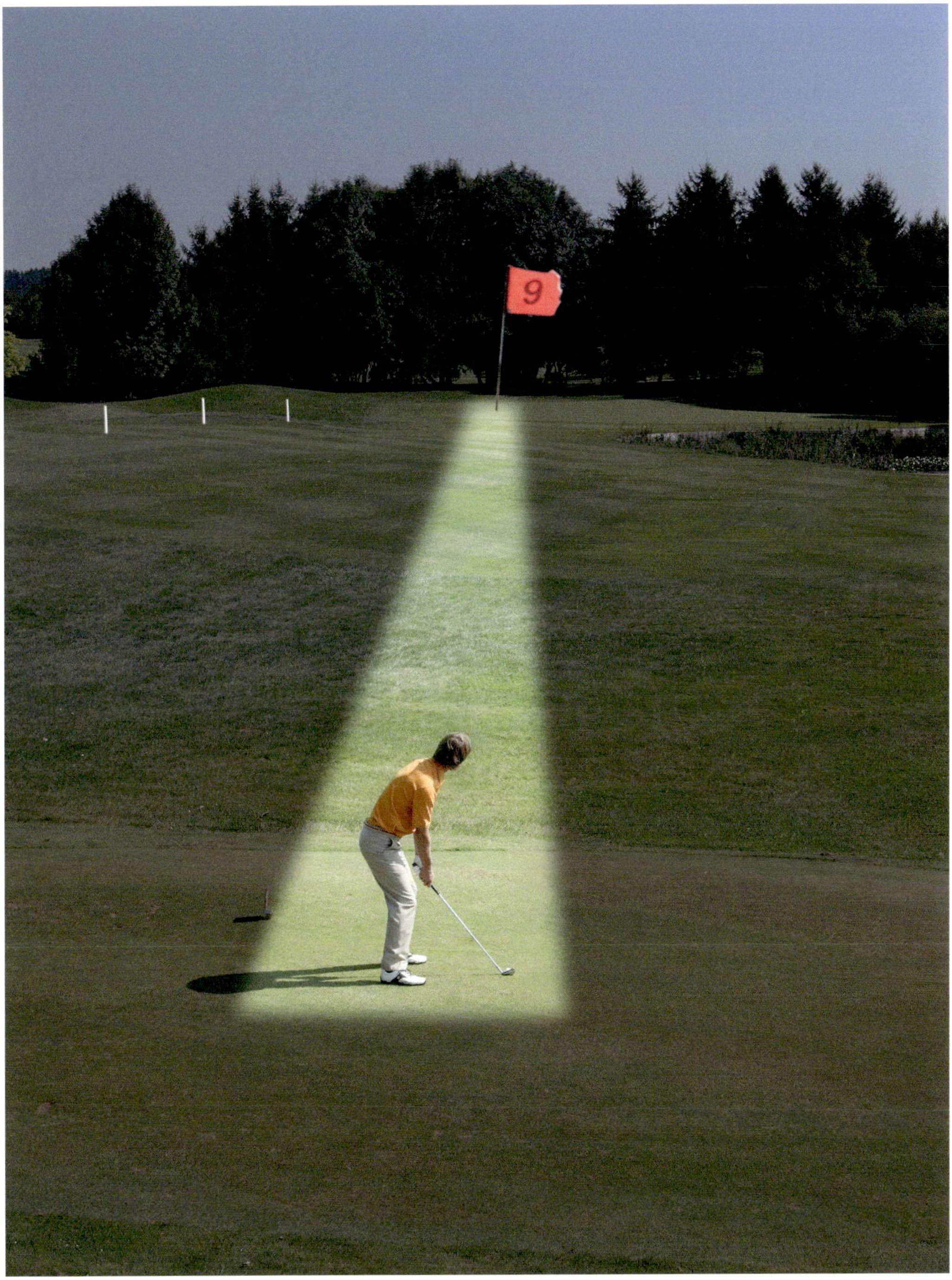
9

»Denk dran – jeder Schlag für sich«

Ein dummer Fehler: bisher so gut unterwegs im Zählspiel und dann den Drive ohne Not ins Aus geschlagen. Jetzt liegen Sie mit drei im Semirough – keine wirklich gute Lage. Normalerweise ein klarer Fall für ein sicheres Eisen und dann mit einem kleinen Pitch aufs Grün. Normalerweise ... Aber jetzt kommt ja schon der Vierte! Eine innere Stimme drängt Sie nun, den vergeigten Drive zu kompensieren. Risiko um jeden Preis also.

Analyse

Aus der unaufgeregten Perspektive Ihres Lesesessels: Wie hoch würden Sie die Erfolgswahrscheinlichkeit des nächsten Schlags taxieren? 5, 10, 20 Prozent? Welchen Score würden Sie im Schnitt erwarten und welchen bei der gegebenen Alternative? Was qualifiziert die Situation dafür, ein Risiko einzugehen, das man sonst fraglos meiden würde?

Vorweg die Antwort – gar nichts. Denn die Gefahr, aus einem Fehler eine Katastrophe werden zu lassen, ist riesengroß. Natürlich hat jeder von uns schon die Brechstange eingesetzt und als Erfahrung mit nach Hause genommen, dass sich das Risiko nur höchst selten auszahlt. In erster Linie natürlich beim erwähnten Zählspiel. Jedem Spieler sollte einleuchten, dass Kompensationsanstrengungen sinnlos sind in einem Spiel, bei dem jeder Schlag gleich viel wert ist.

Jeder Schlag für sich ist daher der Gedanke, der Sie vor Ihrer eigenen Courage schützen soll. Zu viel zu schnell zu wollen ist mit der Philosophie des Spiels nur selten vereinbar.

Folgen Sie dem einhelligen Rat der Spitzenspieler, um dem übermäßigen Einsatz Ihres Egos erfolgreich Einhalt zu gebieten. Diese werden nicht müde zu betonen, wie wichtig es ist, Zählspielrunden immer als Summe einzelner Schläge zu betrachten. Es dürfe keinen Unterschied machen, ob man den zweiten, dritten oder vierten Schlag an einem Loch angeht: Knifflige Schläge bleiben immer gleich knifflig – und das damit verbundene Risiko ändert sich nicht.

Vielleicht ist es für Sie hilfreich, sich hin und wieder daran zu erinnern, dass es für den aktuellen Schlag unerheblich ist, welcher vorausging und welcher auf ihn folgen wird. Analysieren Sie, führen Sie aus und bewerten Sie jeden Schlag für sich. Zwingen Sie sich dazu, die gegenwärtige Aufgabe isoliert zu betrachten. Folgen Sie Ihrem Verstand und nicht dem Drängen der Eitelkeit. Denken Sie daran, auch wenn die Versuchung groß ist: Abgerechnet wird zum Schluss!

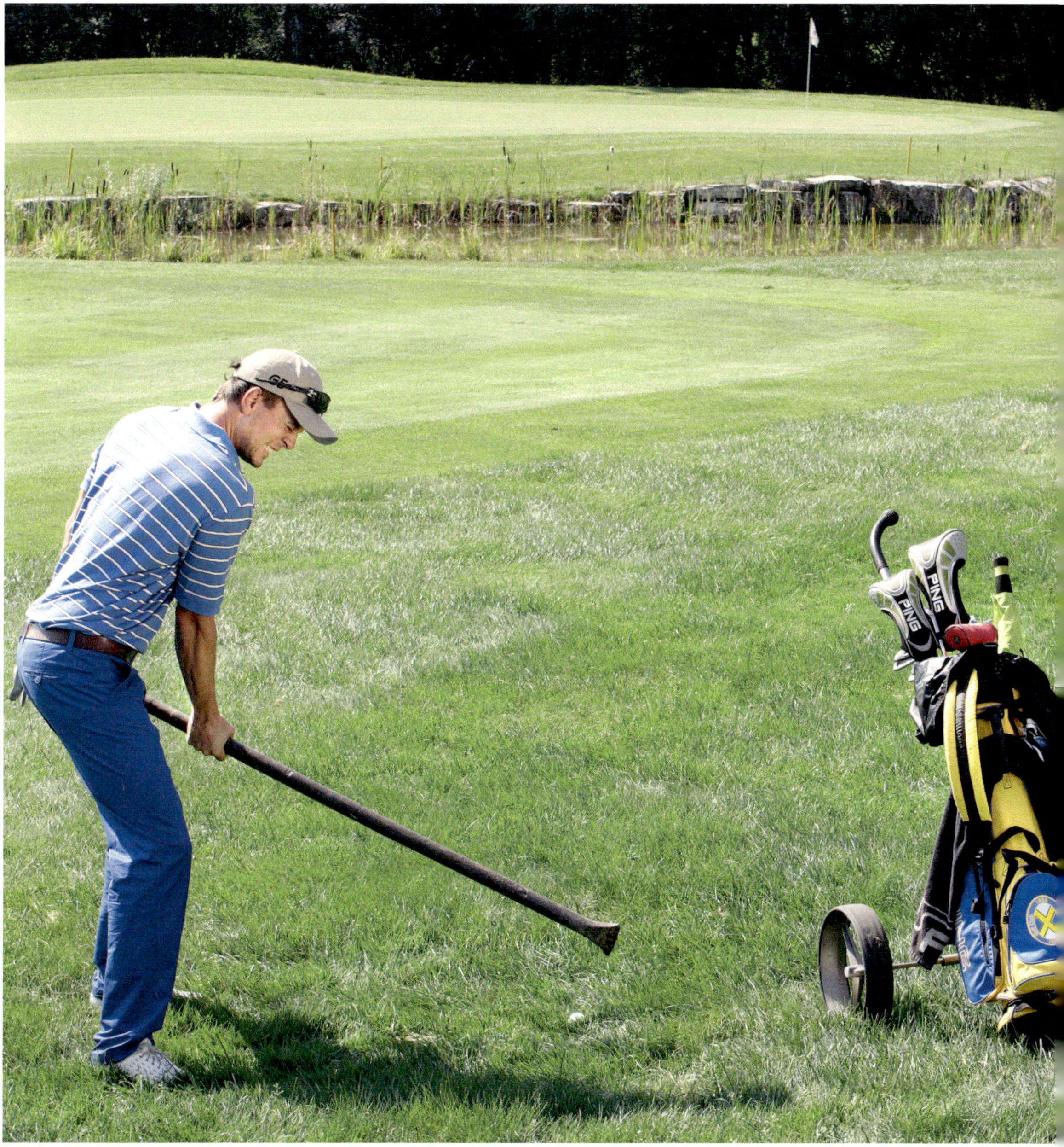

Ein berühmter Spieler hat einmal gesagt, dass er auf jeder Runde mindestens zehn schlechte Schläge mache. Wenn er daher an einem Loch, sagen wir, ein »Triple Bogey« gespielt hat, dann hat er sich damit getröstet, dass er von den zehn schlechten Schlägen drei hinter sich gebracht hat. Beim Golf etwas mit der Brechstange erreichen zu wollen schlägt mit Sicherheit fehl.

»Tausch es einfach!«

»O Gott, jetzt wieder dieses fürchterliche Loch ... Diese Bahn hat mir seit je den Score verhagelt. Allein schon der Blick vom Abschlag: nichts als Wald und Hindernisse. Wie um alles in der Welt kann ich hier nur jemals gut spielen? Am besten streiche ich das Loch gleich, dann muss ich mich wenigstens nicht weiter ärgern ...«

Analyse

Manchmal hat man schon lange vor dem eigentlichen Schlag schlechte Vorahnungen. Das ungute Gefühl beim Ansprechen des Balls ist dann nur die logische Folge. Wenn auch Sie auf Ihrem Platz mit der ein oder anderen Bahn auf Kriegsfuß stehen: **Das Tauschgeschäft** ist ein mentales Werkzeug, das Ihnen weiterhelfen kann.

Beginnen Sie mit der Antwort auf die Frage, was eigentlich zuerst da war: die schlechten Schläge oder die destruktiven Überzeugungen? Das alte Henne-Ei-Problem.

Golfrelevante Überzeugungen speisen sich, der namhafte Golfpsychologe Karl Morris betont dies ganz nachdrücklich, aus wiederholt bestätigten Gedanken, und nicht etwa aus der statistischen Aufarbeitung von Erfahrungen. Das heißt in unserem Fall: Vielleicht waren es nur zwei, drei schlechte Schläge, womöglich als Sie es in einem Turnier oder vor Zuschauern besonders gut machen wollten, die Ihre Einstellung gegenüber der Bahn 8 oder dem Abschlag an der 13 fast unwiderruflich aufs falsche Gleis gebracht haben.

Um die Weichen künftig auf Erfolg zu stellen, könnte Ihnen folgender Gedanke eine Hilfe sein: Bringen Sie, wenn Sie sich das nächste Mal mit der ungeliebten Bahn konfrontiert sehen, Ihren Lieblingsabschlag mit! Versuchen Sie eine Art »Bahntransport«. Ähnlich, wie man sich den Schwung seines golferischen Vorbilds bis zu einem gewissen Grad »ausleihen« kann, ist es auch möglich, sich Kulisse und Atmosphäre seines bevorzugten Golflochs zunutze zu machen. Holen Sie die Szenerie eines Abschlags vor Ihr geistiges Auge, von dem Sie überzeugt sind: Den treffe ich immer!

Verzagen Sie nicht, wenn Ihnen das Tauschgeschäft nicht gleich beim ersten Mal gelingt. Es stellt hohe Anforderungen an Ihr Vorstellungsvermögen! Sie werden jedoch staunen, wie schnell Sie gut Freund mit dem kritischen Loch werden, wenn Sie Ihre Vorstellungskraft gezielt und dauerhaft in die Pflicht nehmen.

Unterstützen Sie dieses Tauschgeschäft mit all Ihren Sinnen. Vergegenwärtigen Sie sich zusätzlich zum Beispiel Geräusche, Gerüche und Stimmungen, die für die eingetauschte Bahn charakteristisch sind.

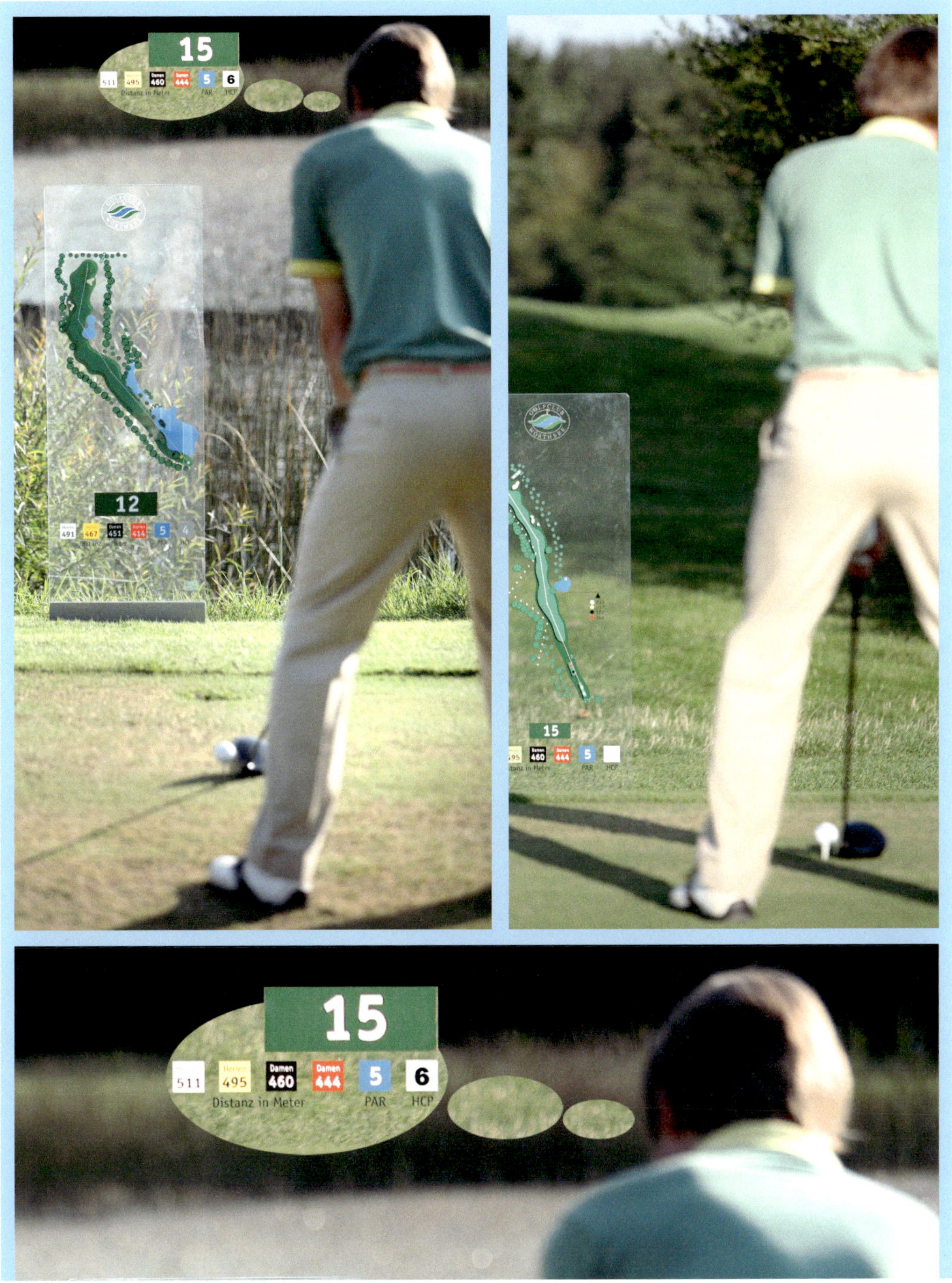
15
511
Herren 495
Damen 460
Damen 444
5
6
Distanz in Meter
PAR
HCP
12

»Das Duell«

Schon beim Frühstück hatten Sie eigentlich keine Lust, zum Golfplatz zu fahren. Die ganze Woche über gutes Wetter und am Turniersonntag gießt es in Strömen! Dazu noch dieser kalte Wind, na – das wird sicher eine ungemütliche Angelegenheit. Da haben Sie auch gleich einmal das Einschlagen auf der Driving Range bleiben lassen. Auf der Runde würden Sie schließlich nass genug. Ganz klar: In den nächsten vier Stunden ging auch Ihr Score baden. Die ganze Zeit waren Sie beschäftigt, sich und Ihr Equipment trocken zu halten, da konnten Sie sich nicht auch noch auf Ihr Spiel konzentrieren. Man hätte keinen Hund vor die Tür gejagt: Aber Sie mussten sich ja über den Golfplatz quälen.

Analyse

Widrige äußere Umstände können einem schon mal den Spaß am Golf verleiden. Wind und Wetter gehören zu den häufigen Ursachen golferischen Frusts. Dieses triste Grau in Grau, der nicht enden wollende Schnürlregen, der böige Wind, der irgendwie immer von vorn zu kommen scheint.

Wenn Sie sich hier wiederfinden: **Das Duell** schafft Abhilfe.

Einmal zum Turnier angemeldet, müssen wir uns wohl oder übel mit allen Widrigkeiten abfinden. Viele tun sich offenbar so schwer damit, dass ihr Spiel darüber zerbricht. Für manche steht schon von vornherein fest, was im Nachhinein zu konstatieren ist: Unter solchen Bedingungen kann man einfach nicht gut spielen. Und doch, das zumindest verrät der Blick auf die Turnierergebnisse, hat es wieder einmal Leute gegeben, denen das Schmuddelwetter nicht sonderlich viel anhaben konnte ...

Es steht Ihnen völlig frei, wie Sie auf äußere Einflüsse reagieren. Zur Widrigkeit werden diese nur dann, wenn Sie das für sich so entscheiden. Mit Blick auf die vielen »fellow sufferers«, die lange Wartezeiten in Kauf nehmen und viel Geld bezahlen, um bei Orkanstärke und Regen auf den klassischen Links-Plätzen eins auf die Mütze zu bekommen: Warum fordern Sie Wind und Wetter beim nächsten Mal nicht zum Duell heraus? Bei Badewetter kann es schließlich jeder!

Wie bei jedem ordentlichen Duell gilt auch hier: Nur wer von sich überzeugt ist, kann gewinnen. Machen Sie das Ihrem »Gegner« deutlich: Richten Sie sich innerlich und äußerlich auf, strahlen Sie Zuversicht aus. Zeigen Sie dem Wetter, dass es Ihnen nichts anhaben kann. Es ist wissenschaftlich unstrittig, dass die Körpersprache eine immense Strahlkraft auf die eigene mentale Verfassung hat. Machen Sie sich dieses Potenzial zunutze.

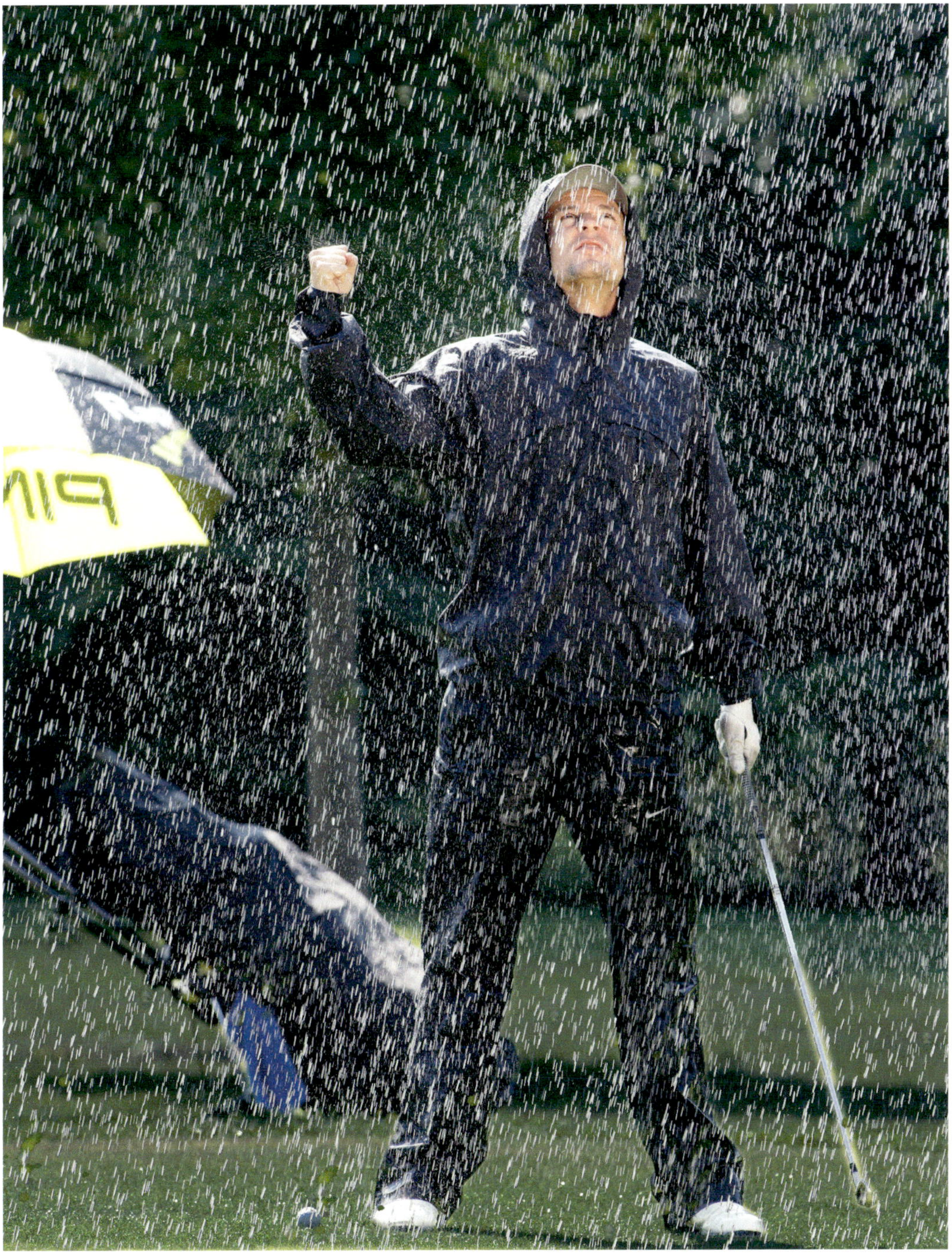

»Begib Dich aufs Glatteis!«

Mit starkem Wind konfrontiert, fühlen sich viele von uns überfordert. Zur Abhilfe führen wir Sie aufs **Glatteis**.

Zwar hat auch Rückenwind seine Tücken, etwa wenn der Ball nicht seine gewohnte Flughöhe erreicht oder es schwierig wird, ihn auf den Fairways und Grüns zum Halten zu bringen. Doch weil es so mühelos gelingt, den Ball einmal so richtig weit zu schlagen, wirkt die Unterstützung von hinten in der Regel buchstäblich beflügelnd. Das Gegen-den-Wind-Ankämpfen dagegen ist ein mühsames Geschäft.

Analyse

Die Brise von vorn bremst, sie treibt den Ball in die Höhe und lässt ihn früher landen. Ganz intuitiv ist man da versucht, sich gegen den Druck zu stemmen, gegen den Wind anzukämpfen. Man schlägt härter zu in der Hoffnung, die Bremswirkung durch mehr »Vorschub« auszugleichen.

Fast immer geht dieser Schuss nach hinten los. Durch die übermäßige Beschleunigung des Schlägerkopfes wird der Ball meist unsauber getroffen und damit für den Wind zur besonders leichten Beute. Aber selbst wenn man ihn voll trifft: Das harte Zuschlagen lässt den Ball höher steigen und damit keinesfalls weiter fliegen.

Schuld daran sind der vermehrte Backspin und die Tatsache, dass der Gegenwind die Eigenrotation des Balls verstärkt. Das ist übrigens auch der Grund dafür, warum aus einem kleinen Fade gegen den Wind durchaus auch ein ordentlicher Slice werden kann.

Den Wind zum Duell (siehe dazu Seite 112) gefordert, bedarf es einer anderen Strategie. Der sechsmalige Major-Sieger Nick Faldo rät: »Take plenty of club and swing as smoothly as possible.« Das heißt: nicht mit Kraft gegen den Wind ankämpfen, sondern sich mit zwei, drei oder gar vier Eisen »mehr« bewaffnen und sich auf eine kontrollierte Bewegung und ein stabiles Finish konzentrieren. So ist man bestens gerüstet für ein »sauberes« Treffmoment, mit dem sich dem Gegenwind erfolgreich trotzen lässt.

Wir empfehlen Ihnen dazu die Vorstellung, sich wie auf Glatteis zu bewegen. Im Bemühen, nur nicht auszurutschen, tragen Sie ganz automatisch Sorge für das notwendige, unaufgeregte Schwungtempo. Balance wahren, heißt jetzt die Devise. Wer nicht auf dem Hosenboden landen will, hat im Finish alles unter Kontrolle. **Bei Gegenwind also ans Glatteis denken!**

»When it's breezy, swing easy!« (schottische Golfweisheit)

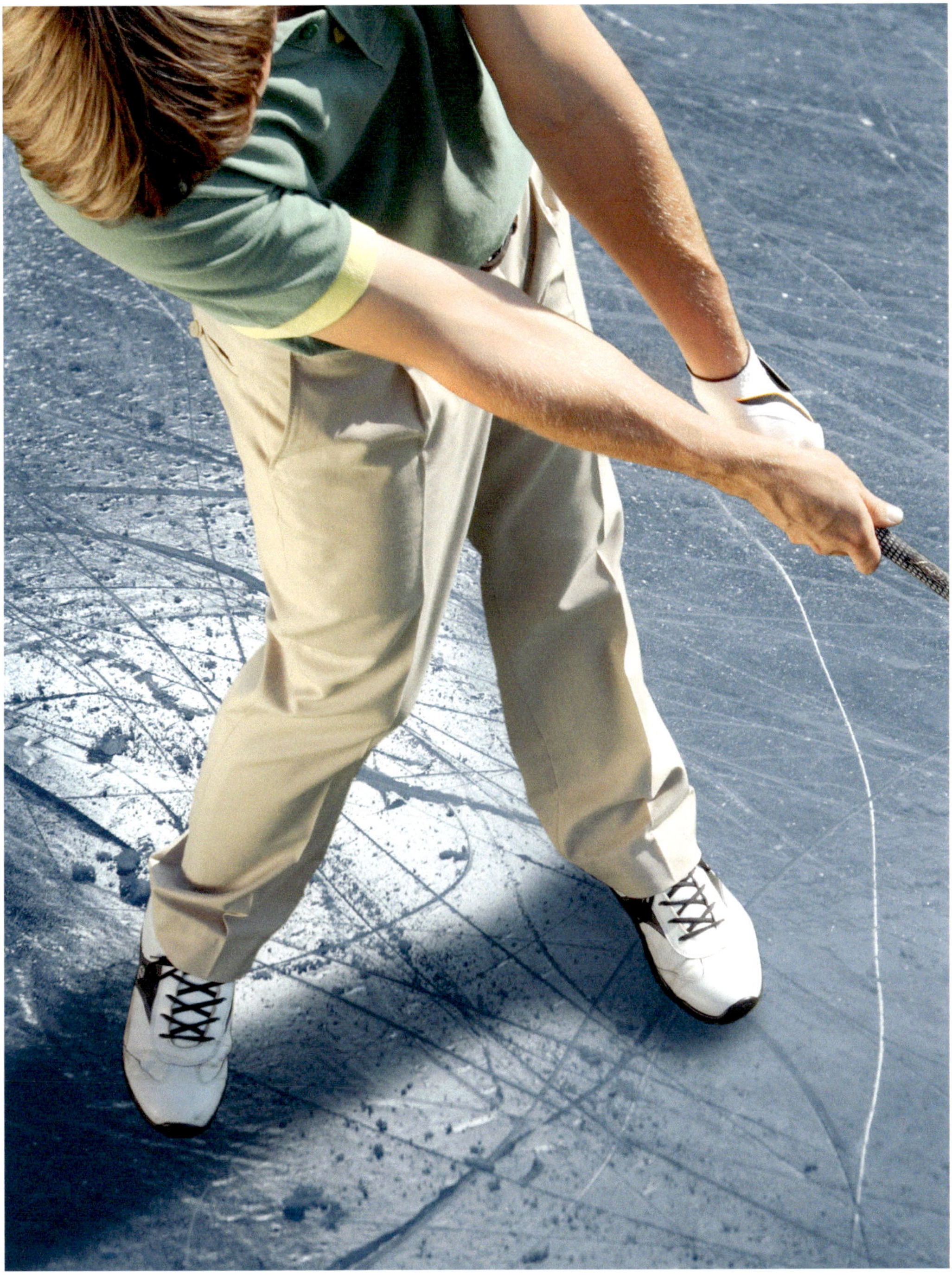

»Vertrau auf Deine Bunkersoftware!«

»Um Himmels willen, schau Dir mal diese hohe Kante an. Da komm ich ja niemals drüber. Den Ball kann man ja kaum sehen, so tief ist der Sand. Was mach ich jetzt bloß? Nur nicht wieder so ’nen Hack! Bloß schnell raus jetzt, Hauptsache irgendwie raus ...« Panik im Bunker – der alltägliche Golfwahnsinn.

Analyse

Dabei hätten Sie ja gewusst, wie es geht. Unter dem prüfenden Blick Ihres Golflehrers klappte es immer vorzüglich. Auf dem Platz aber, wo bekanntlich die Wahrheit liegt, sieht die Sache auf einmal ganz anders aus. Der tiefe Sand, die steile Bunkerwand, die Gedanken an die letzten Hacks, die Angst davor, wieder nicht herauszukommen: nur zu leicht läuft man Gefahr, vor der Reizüberflutung zu kapitulieren. Doch »Augen zu und durch«, obwohl vielfach angewendet, ist jetzt gewiss kein Erfolgsrezept. Wenn Sie überhastet zuschlagen, haben Sie gute Karten, es gleich noch einmal versuchen zu müssen.

Die Crux ist, dass gute Bunkerschläge ein betont langsames Schwungtempo erfordern. Der nötige Rhythmus ist das genaue Gegenteil von »nur schnell raus«. Es kostet anfänglich einige Überwindung, betont gelassen zu Werke zu gehen und der Versuchung zu widerstehen, mit voller Kraft und rasend schnell zuzuschlagen.

Empfehlung

Wenn man im Bunker liegt, ist man schon vom letzten Schlag enttäuscht, schließlich wollte man dort ja nicht hinein. Gehen Sie jetzt dem Platzarchitekten kein zweites Mal auf den Leim! Wir empfehlen Ihnen, sich künftig in gleicher Situation zunächst auf Ihr »mental memory« zu besinnen: Sie wissen doch, was für einen guten Bunkerschlag wirklich wichtig ist.

Auf der Suche nach einem Konzept fündig geworden, laden Sie anschließend die **Bunkersoftware** aus Ihrem Muskelgedächtnis. Ganz so, wie Sie sie während der letzten Übungseinheit abgespeichert hatten. Erinnern Sie sich mit Probeschwüngen wieder daran, wie der Schlag technisch auszuführen ist. Exerzieren Sie dies so lange, bis Sie sich sicher sind: Genau so hat es zuletzt im Übungsbunker auch geklappt.

Derartig gerüstet, wissen Sie beim nächsten Mal: Keine Panik – aus dem Sand komme ich doch ganz mühelos heraus.

Das Muskelgedächtnis speichert eine ganze Reihe von Bewegungsabläufen. Es muss jedoch gezielt angesprochen werden.

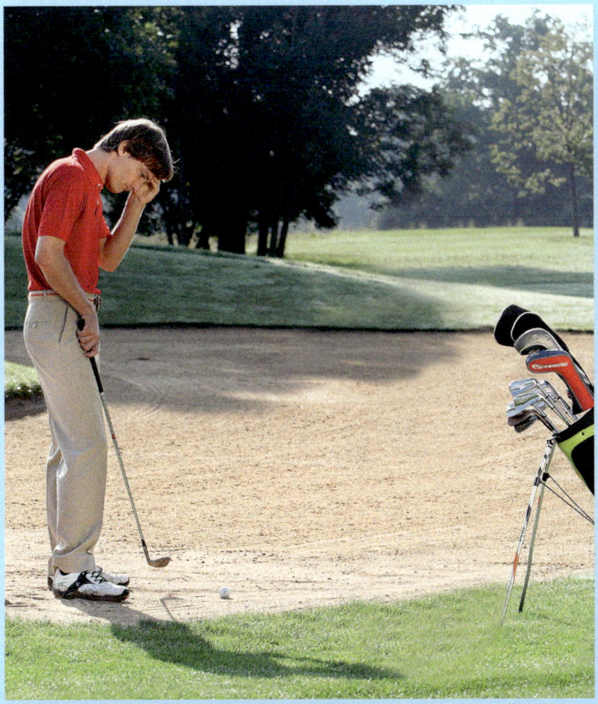

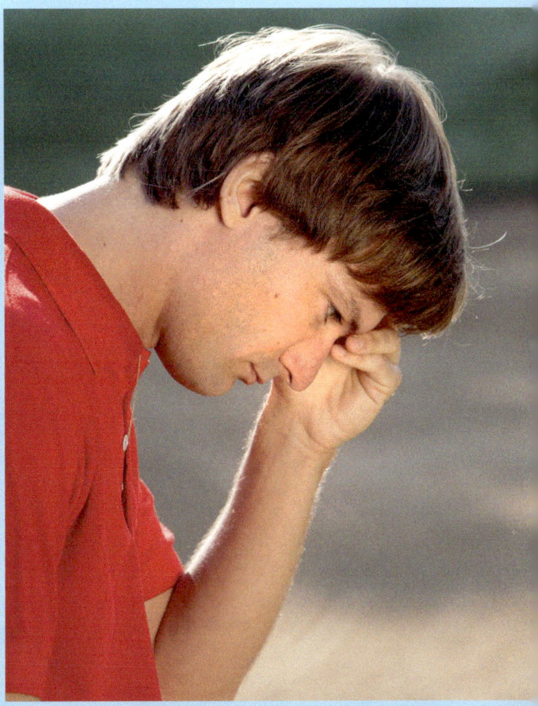

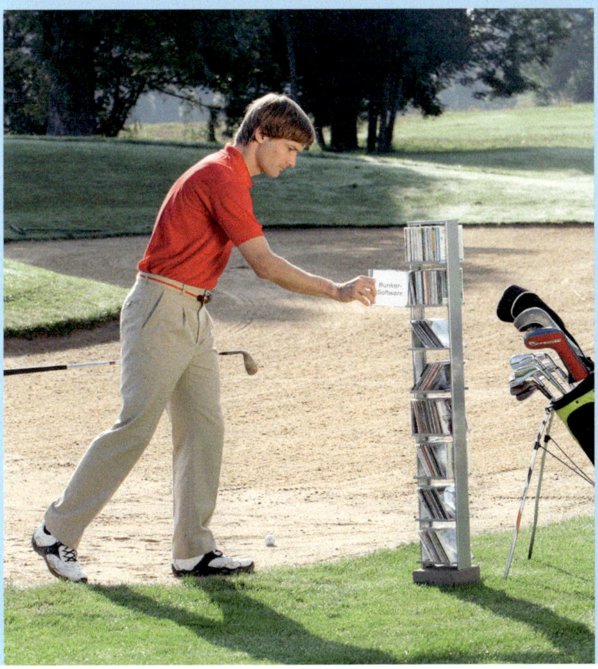
Bunker-
Software

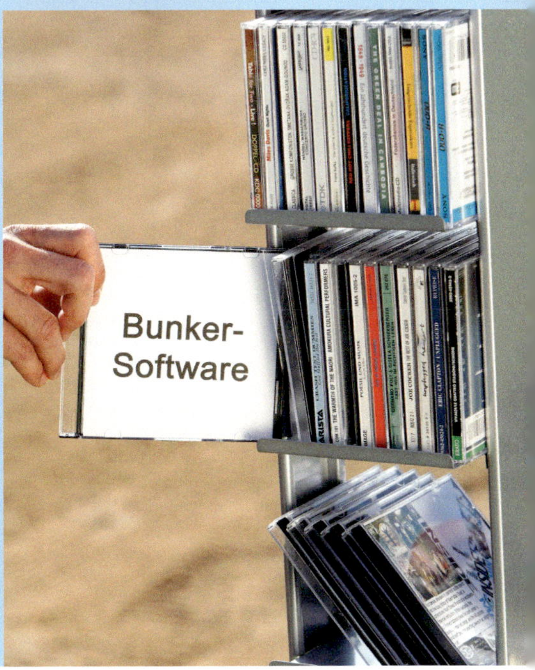
Bunker-
Software

»Zähl die Dimples!«

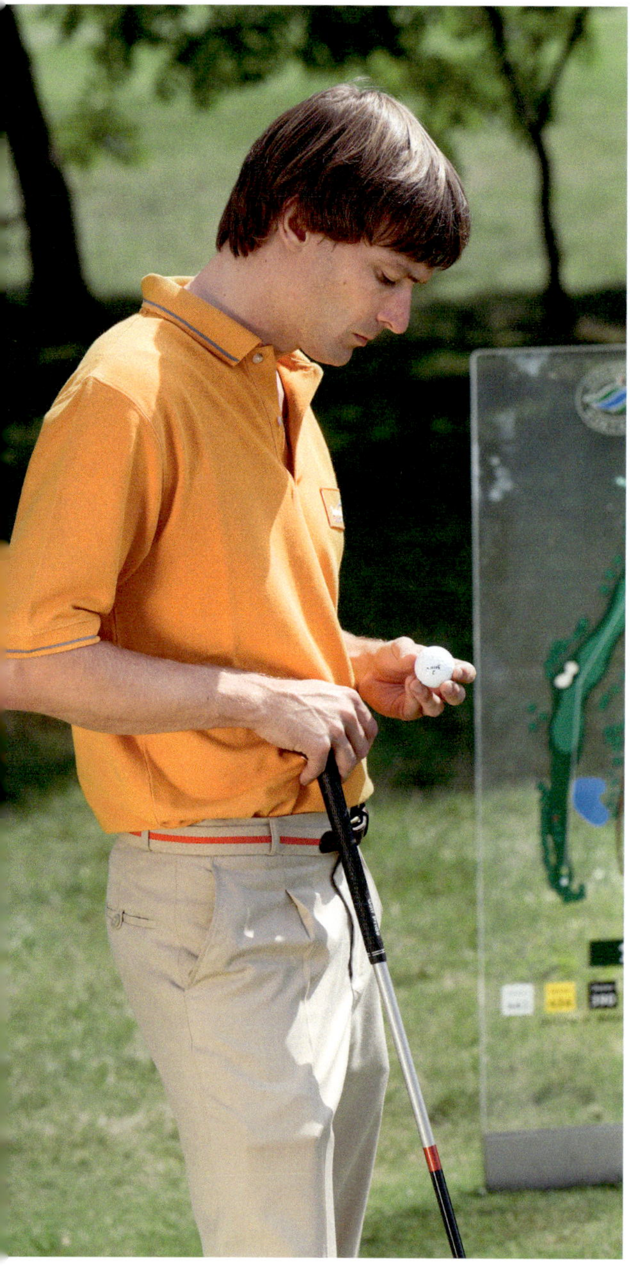

Ob beim Ryder Cup oder beim Monatsknopf in Ihrem Club: Der erste Abschlag ist ein Härtetest für das Konzentrationsvermögen. Selbst für jene, die ihre Nerven weitgehend unter Kontrolle haben. Wenn es auch Ihnen schwerfällt, sich beim Rundenstart auf das Wesentliche zu konzentrieren, sollten Sie sich sehr intensiv mit Ihrem Golfball beschäftigen.

Analyse

Zu viel »Drumrum« bindet am ersten Abschlag häufig die Aufmerksamkeit. Wer zählt eigentlich wen, fragt man sich da, während man verzweifelt nach seiner Pitchgabel sucht. »Könnten Sie mir vielleicht einen Bleistift leihen?«, hört man sich sagen, während man beschämt feststellen muss, dass man sich schon zum wiederholten Male den Namen des Mitspielers nicht merken konnte.

Wie war das noch gleich: Stableford oder doch Zählspiel? Welche Vorgabe? Wie viele Schonschläge? Pullover an, Pullover aus, Regenschirm mitnehmen, auf zusätzliches Gewicht verzichten: Auch erfahrene Spieler torpedieren ihre Konzentration bisweilen mit »Nebensächlichkeiten«. Selbst jene, die ihre Logistik wirklich im Griff haben, denken vielleicht intensiver, als ihnen lieb sein kann, darüber nach, dass sie eigentlich

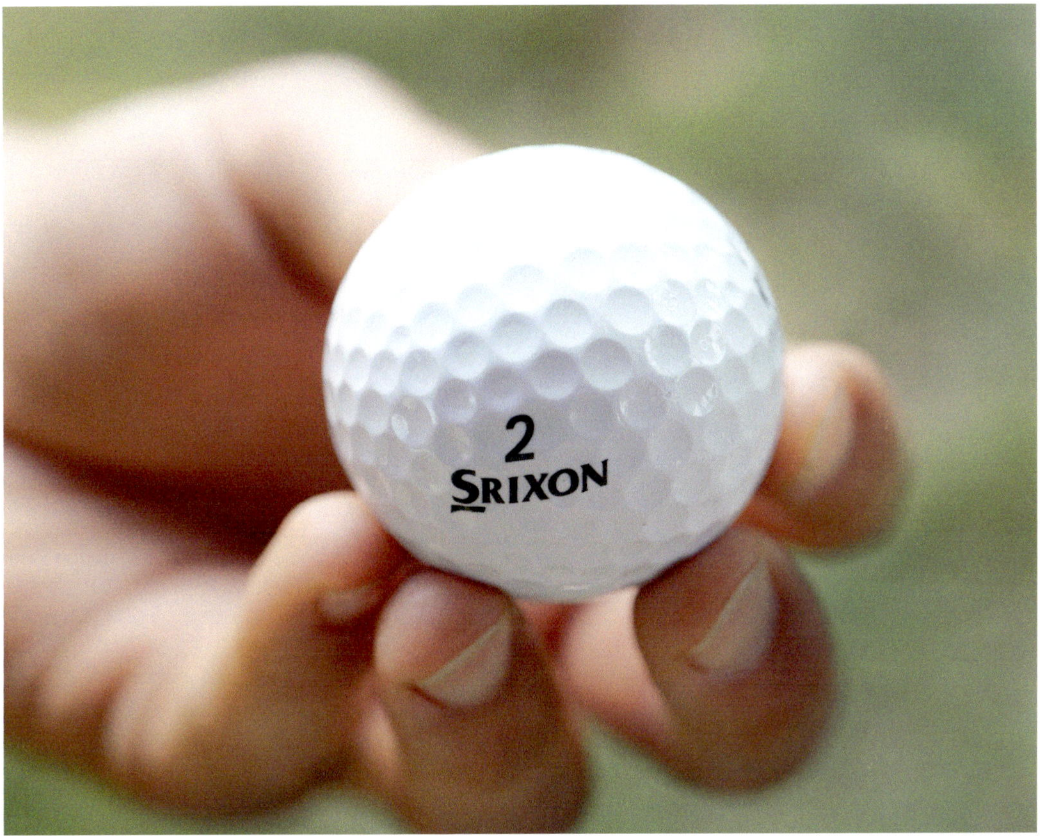

Wenn Sie mit dem Zählen bei der 384. Delle angekommen sind, haben Sie Ihre »first tee nerves« mit Sicherheit ausgeblendet.

auch gerne einen so hübschen Caddie gehabt hätten ...

Das Grundproblem der Störgedanken wird nirgends deutlicher als beim Rundenstart. Wie kann dabei ein Golfball helfen?

Um Ihre Gedanken künftig am Abschweifen zu hindern, ist es für Sie vielleicht hilfreich, sich auf die vielen Dellen in Ihrem Golfball zu konzentrieren.

Dimples zählen! könnte Ihre Devise lauten, wenn Sie sich demnächst auf den gefürchteten ersten Abschlag vorbereiten.

Schauen Sie ganz genau hin. Zählen Sie, vielleicht sogar unter Zuhilfenahme Ihres Fingers. Und zwar so lange, bis der Starter Ihnen das »Los geht's«-Zeichen gibt. Nach unserer Erfahrung ein sehr probates Mittel, um die gefährlichen Ablenkungen konsequent auszublenden.

»Lass Dir vom Golfsimulator helfen!«

»Seit ich mich damit beschäftige, was für ›richtig gutes Golf‹ wirklich wichtig ist, geht es mit meiner Schwungtechnik aufwärts. Auf der Driving Range gelingen mir manchmal sogar richtige Traumschläge.
Auf der Driving Range! Auf dem Platz ist es leider nach wie vor ein Trauerspiel ... Fast automatisch mache ich wieder meine alten Fehler. Vor allem dann, wenn es um was geht. Ich werde wohl immer ein Trainings-Clubmeister bleiben ...«

Analyse

»Die Arbeit an der Technik auf der Driving Range kann weiterhelfen«, schreibt Gary Leboff, »doch man muss sich auch mit den psychologischen Ursachen seiner Schwächen auseinandersetzen, sonst verfällt man unter Druck unweigerlich in alte Gewohnheiten.« Ein **Golfsimulator** in Ihnen kann, wie wir gleich näher begründen, zu einem wertvollen Problemlöser werden.

Für Sportler aller Couleur stellt sich die Frage: Wie rette ich die guten Trainingsleistungen hinüber in den Wettkampf? Das gilt natürlich auch für Golfspieler. Beim Golf, so jedenfalls argumentiert die überaus kompetente Vivien Saunders, ist das Problem jedoch ein noch viel größeres.
Die Beherrschung der Schwungmechanik, so schreibt sie, stellt lediglich die erste Stufe in dem Versuch dar, das Spiel zu meistern. Die Krone des Spiels sei jedoch die »art of scoring«, die Frage also, wie es gelingen kann, gute Schwünge auf der Driving Range in niedrige Ergebnisse auf dem Platz zu verwandeln.

Auf der Range haben Sie gewöhnlich die sorglose Gewissheit, dass ein erster misslungener Schlag keine negativen Auswirkungen auf den zweiten hat. Sie können entspannt zu Werke gehen, schließlich werden Sie weder einen Ball verlieren noch Strafschläge kassieren. Sie schlagen die Bälle eher »einfach so«.

Und genau da liegt der Hund begraben. Auf der Runde sehen Sie sich mit ganz anderen Anforderungen und einer Atmosphäre konfrontiert, die Sie nicht »einfach so« agieren lassen. Da ist es eigentlich doch nur logisch, Ihr Training auf der Range so auszurichten, dass Sie die Verhältnisse, denen Sie draußen auf dem Platz begegnen werden, simulieren.

Holen Sie sich auf der Range den Golfplatz vor Ihr geistiges Auge. Laden Sie ganz konkrete Spielsituationen in Ihren mentalen Golfsimulator. Je lebendiger Sie sich den Abschlag an der 5 oder den Pitch an der 12 vorstellen können, je klarer Ihnen der Blick auf das Ziel und die Atmosphäre der Umgebung gegenwärtig sind, umso besser wird es Ihnen gelingen, sich für den »echten« Schlag zu rüsten.

Sie speisen also Ihre Simulatorsoftware beim nächsten Üben mit ein paar Bahnen, die Ihnen immer wieder den Score verhageln. Spielen Sie die Löcher so, als wären Sie tatsächlich auf dem Golfplatz. Das kann so weit gehen, dass Sie auf der Range den Ball flach »aus dem Wald« herausspielen. Dieses »true play«, so nicht nur die Überzeugung des amerikanischen Golfautors Michael Hebron, garantiert einen nachhaltigen Lerneffekt.

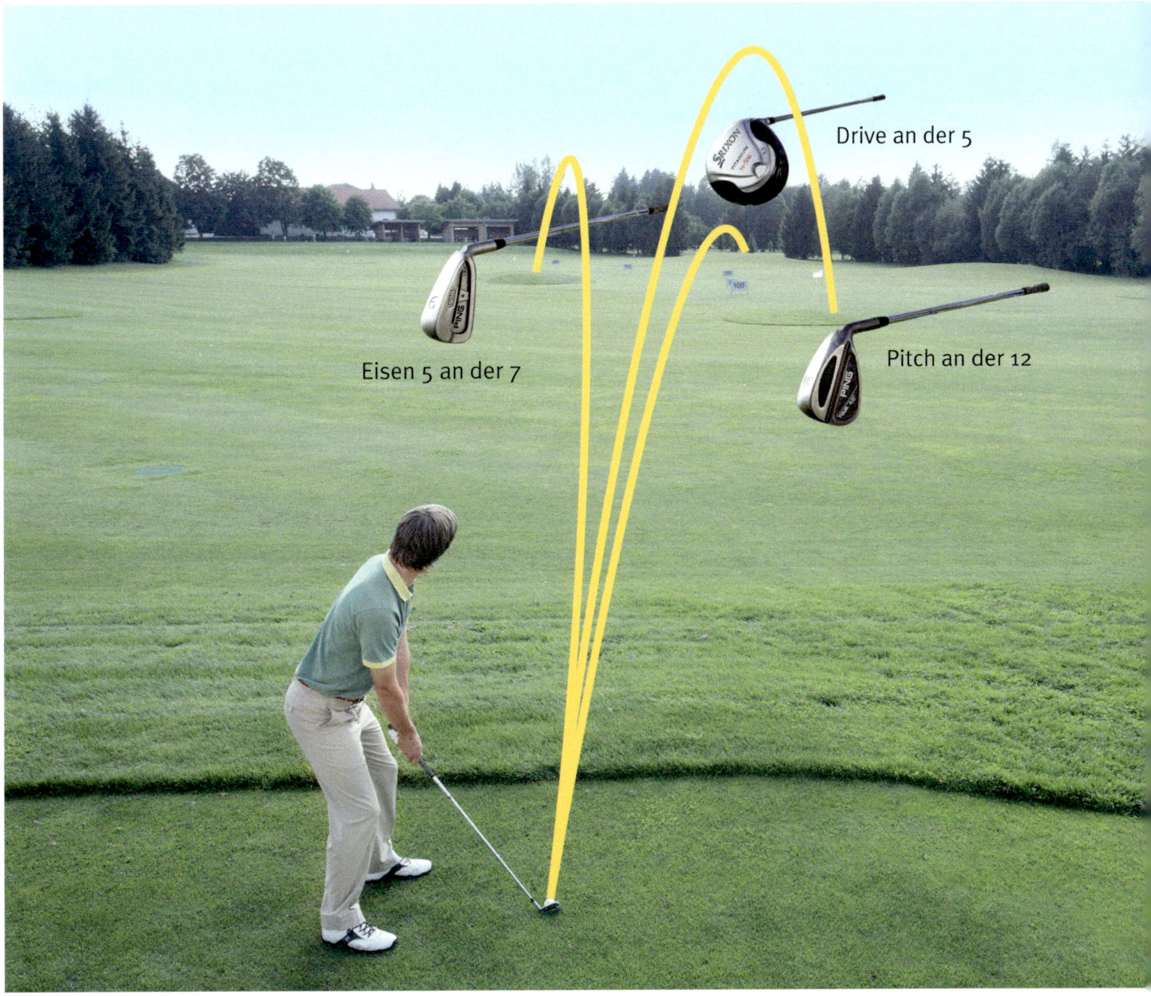

Hier wird die Driving Range zum Golfplatz. Effektives Üben ist jetzt vor allem eine Frage der Vorstellungskraft.

»Mein Resümee ist immer positiv«

Ein Zwei-Tages-Turnier. Nach der ersten Runde gibt es am 19. Loch ein häufig zu beobachtendes Phänomen. Es wird allgemein über die ausgelassenen Chancen geklagt. Selbst der Tagesbeste wird nicht müde zu verkünden, wie noch viel besser er gewesen wäre, wenn er nicht drei kurze Putts verschoben hätte und einen Ausball an der 15 hätte nehmen müssen. Er suhlt sich geradezu in negativen Erinnerungen und beschreibt in allen Einzelheiten die Missgeschicke. Von seinen überwiegend guten Schlägen ist kaum die Rede. Derselbe Spieler am zweiten Tag: totales Desaster.

Analyse

Das Problem berührt die jeden Golfer umtreibende Frage, wie es denn gelingen kann, gleichmäßigere Ergebnisse zu erzielen, also nicht nur heute gut und morgen schlecht, sondern die ganze Saison über konstanter zu spielen. Die entscheidende Erklärung dafür ist, dass, wer sich negativ einstimmt, keine positiven Ergebnisse erwarten darf. Logische Konsequenz: weg vom Negativen, hin zum Positiven. Am Ende des Turniertages muss Ihre Frage deshalb lauten: **Was habe ich heute gut gemacht? Gut gemacht! Gut gemacht!!** Eine solche Selbstprogrammierung ist ein wichtiger Schlüssel dafür, eine gute Form dauerhaft aufrechtzuerhalten.

Setzen Sie ab heute Ihre Erinnerungskraft gezielter ein. Sie selbst entscheiden, was in Ihrem Golfgedächtnis morgen präsent ist. Die schlechten Schläge des Tages haben Ihre Aufmerksamkeit gar nicht verdient! »Was habe ich heute gut gemacht?«, sollte dagegen die Frage sein, mit der Sie sich hinfort konfrontieren. Spielen Sie die Filme mit »happy end« vor Ihrem geistigen Auge wieder und wieder ab. Schlagen Sie das Eisen an der 5, den Drive an der 10, den Bunkerschlag an der 14 noch einmal. Versuchen Sie, sich in die konkrete Situation ein zweites Mal hineinzuversetzen. Wie hat es sich angefühlt, den Ball anzusprechen? Was haben meine Sinne in diesem Moment angezeigt? Welches Geräusch, welche Muskeln haben sich bemerkbar gemacht, worauf haben meine Augen fokussiert? Speichern Sie das Gesamtpaket all dessen, was Ihnen heute gelungen ist.

Und nun die Frage: »Was mache ich mit meinen schlechten Schlägen? Die kann ich doch nicht unter den Teppich kehren!« Sollen Sie auch nicht. Sie können und müssen sogar, wenn Sie sich verbessern wollen, über sie nachdenken. Wir empfehlen Ihnen, sich Notizen zu machen. Der feine Unterschied zum eben Gesagten ist nur: Es muss bei einer kühlen Kalkulation bleiben. Sie dürfen die Misserfolge Ihres Golftages auf keinen Fall emotional an sich heranlassen. Aufpassen, ganz wichtig!

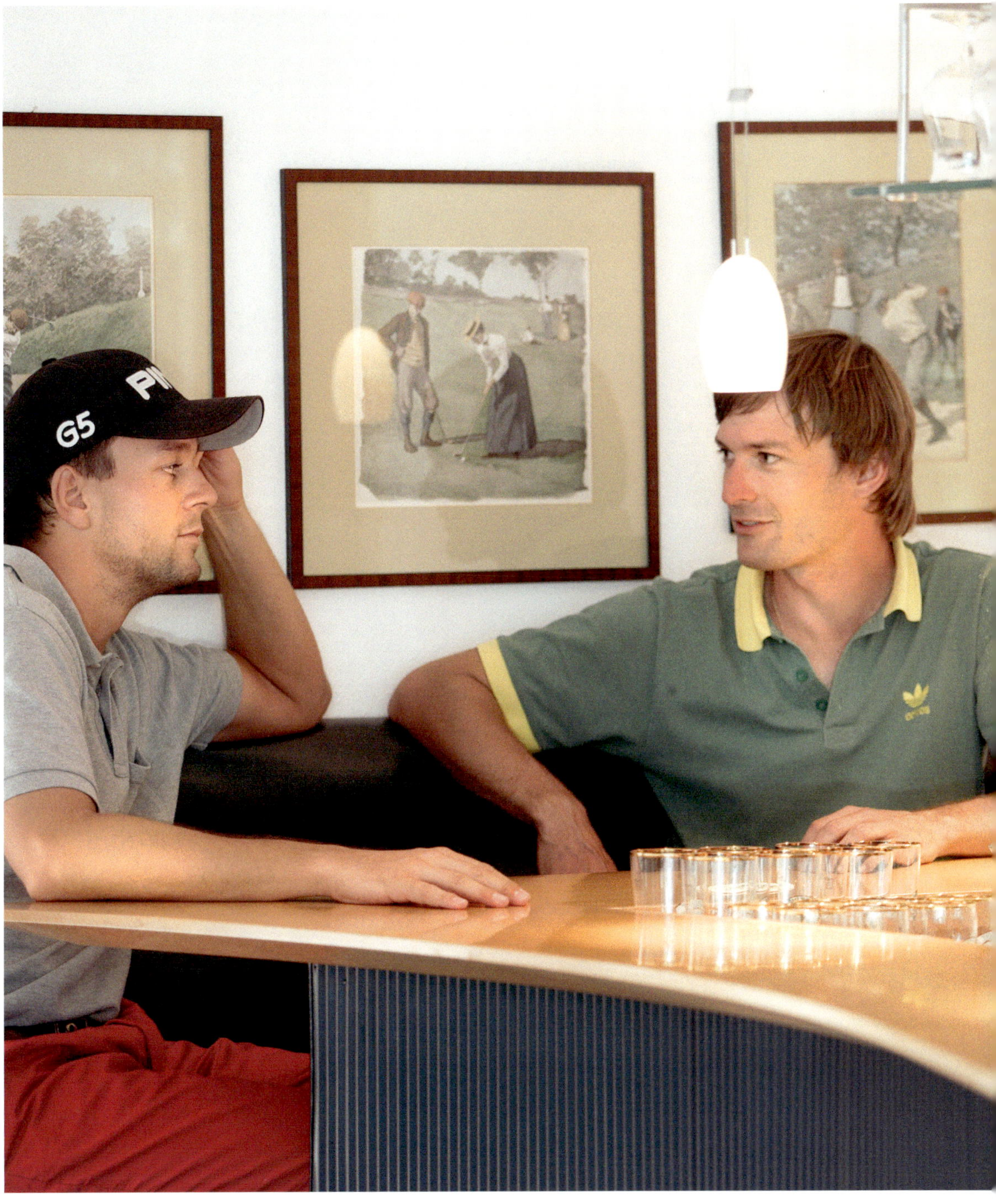
G5

Noch mehr Hilfe zur Selbsthilfe – Literatur, die wir Ihnen empfehlen können

Wenn die Beschäftigung mit den Schwunggedanken in Ihnen die Lust nach zusätzlicher Information geweckt hat, könnten Sie sich das Filtrat unseres seit Jahren andauernden akribischen Literaturstudiums zu Gemüte führen.

Jedes Werk ist eine Empfehlung, hinter der wir zu 100 Prozent stehen. Allerdings: Es handelt sich nicht um Gutenachtlektüren. Intensive Arbeit ist angesagt.

- **Cochran, Alastair/John Stobbs: The Search for the Perfect Swing. London 1968.**
  Der Technik-Klassiker. Das Buch kommt daher wie eine Doktorarbeit. Kein Detail wird ausgelassen. Eindrucksvolle Fotos und Grafiken. Nur in Englisch und nur noch antiquarisch zu bekommen.

- **Faldo, Nick: Golf – The Winning Formula. London, Sydney 1990**
  Detaillierteste Bewegungserklärungen vom vollen Schwung bis zum Putt. Wie kein anderer Spitzenspieler dürfte sich Faldo nicht nur dem erfolgreichen Scoren verschrieben haben, sondern auch dem Bemühen, alle Golfbewegungen bis ins kleinste Detail zu erforschen. Nur in Englisch.

- **Hebron, Michael: Golf Swing Secrets … and Lies. Six Timeless Lessons. New York 2001**
  Eine in vieler Hinsicht über das eigentliche Golf hinausgehende Fundgrube biomechanischen und mentalen Wissens. Auf praktisch jeder Seite kommt es zu einem Aha-Erlebnis. Nur in Englisch.

- **Kelly, Homer: The Golfing Machine. Seattle 1982**
  Ein Physiker legt die Blaupause der Bewegungsgesetze auf den Golfschwung. Dem Autor sind grundlegende Einsichten, z. B. in unsere körperliche Kraftquellen, zu verdanken. Wer sich die Mühe macht, das Buch durchzuarbeiten – und es bedarf erheblicher Mühe –, wird staunen, aus Wissenschaftssicht zu erfahren, wie unsere Biomechanik funktionieren muss, damit optimale Golfschwünge entstehen. Nur in Englisch.

- **Kölbing, Alexander: Richtig gutes Golf. München 2014**
  Hier finden Sie alles über Golf, was Sie immer schon wissen wollten. Einfach und verständlich erklärt wird der Golfschwung in seinen einzelnen Bewegungselementen Zug um Zug entheimlicht. Ein umfassendes Lehrbuch und Kompendium für alles, was für Ihren Sport wichtig ist.

- **Kölbing, Alexander: Richtig gutes Golf. Der Kompaktkurs auf DVD. Mehr wissen – besser spielen. DVD-Serie in 4 Teilen. München 2013**
Wussten Sie, dass Sie Ihre Golftechnik geradezu dramatisch verbessern können, wenn Ihnen plötzlich klarwird, aus welchen anatomischen Grundelementen sich ein Golfschwung zusammensetzt? Ausführliche Zeitlupeneinstellungen lassen Sie verstehen, worauf es ankommt, und schaffen schon nur durchs Zuschauen in Ihnen die Lust zum Nachmachen.

- **Kölbing, Jonas/Kölbing, Alexander: Golf genial. München 2014**
Sie werden feststellen, dass Sie Golf aus den geschilderten Blickwinkeln noch nicht betrachtet haben. Kapitel für Kapitel werden die wirklich wichtigen Dinge verständlich erläutert. Zudem wird erklärt, wie Sie sich diese – ungeachtet Ihrer Spielstärke – zunutze machen können. Das Buch ist ein echter Blockade-Löser.

- **Kölbing, Alexander: Golf zwischen den Ohren. 3 Audio-CDs. München 2007**
Sie müssen nicht bei Wind und Wetter auf der Driving Range stehen und sich mit den Tipps und Empfehlungen mehr oder weniger qualifizierter Menschen auseinandersetzen. Nein, Sie drücken einfach nur die Taste und Ihr Lernprozess kommt einprägsam und bequem in Gang. Die Philosophie, die dieser Hör-CD wie auch allen anderen Kölbing-Veröffentlichungen zugrunde liegt, heißt: »Mehr wissen – besser spielen.«

- **Leadbetter, David: The Fundamentals of Hogan, New York 2000**
Sich einmal mehr mit der golferischen Lichtgestalt Hogan zu beschäftigen, ist dem überraschenden Auftauchen von 85 bisher unbekannten Schwungstudien Hogans zu verdanken. David Leadbetter, Guru der modernen Schwunglehre, nimmt dies zum Anlass, sich kritisch mit den Bewegungselementen Hogans zu befassen und diese ins Verhältnis zur modernen Schwunglehre zu setzen. Erstaunlich, welche Entwicklung hier studiert werden kann und wie zum Teil – bei allem Respekt dem großen Meister gegenüber – klargestellt wird, dass Hogans Ansichten in vielen Fällen nur für ihn persönlich Gültigkeit haben und sich nicht zur allgemeinen Lehre stilisieren lassen, wie das vielfach geschehen ist. Nur in Englisch.

- **Saunders, Vivien: The Golfing Mind, London 1995**
Wer mit mentalen Problemen bisher noch nicht so bewandert ist, wird aus dem Staunen kaum herauskommen. Sie sehen sich und Ihre Probleme plötzlich im Spiegel, werden umfassend bekannt gemacht mit der mentalen Seite des Spiels. Mit zum Eindrucksvollsten zählt die Vorstellung des »stationary ball« und der Aufmarschmöglichkeit von Legionen negativer Gedanken – und was man dagegen tun kann. Nur in Englisch und leider antiquarisch äußerst schwierig zu ergattern.

Über die Autoren

Dr. Alexander Kölbing, Jahrgang 1942, ist als Golfbuchautor einer breiten Öffentlichkeit bestens bekannt. Er dürfte mittlerweile der meistgelesene Autor im deutschsprachigen Raum sein. So erscheint »Richtig Golf«, das er zusammen mit John Bradley geschrieben hat, inzwischen in der 8. Auflage und wurde in sechs Sprachen, darunter Ungarisch und Koreanisch, übersetzt. Große Verbreitung findet seine 4-teilige Lehr-DVD, wobei ihm bei der filmischen Umsetzung seine fast 30-jährige Arbeit beim Bayerischen Fernsehen zugute kommt. Von Kritikern wird vor allem die gelungene didaktische Vorgehensweise gelobt.

Dr. Andreas Jordan, Jahrgang 1980, hat sich in den vergangenen Jahren gezielt großes Wissen auf dem Gebiet der Golfpsychologie angeeignet. Insbesondere der Frage, wie ein nachhaltiger Wissenstransfer um die korrekte Golfbewegung gelingen kann, gilt seine Aufmerksamkeit.

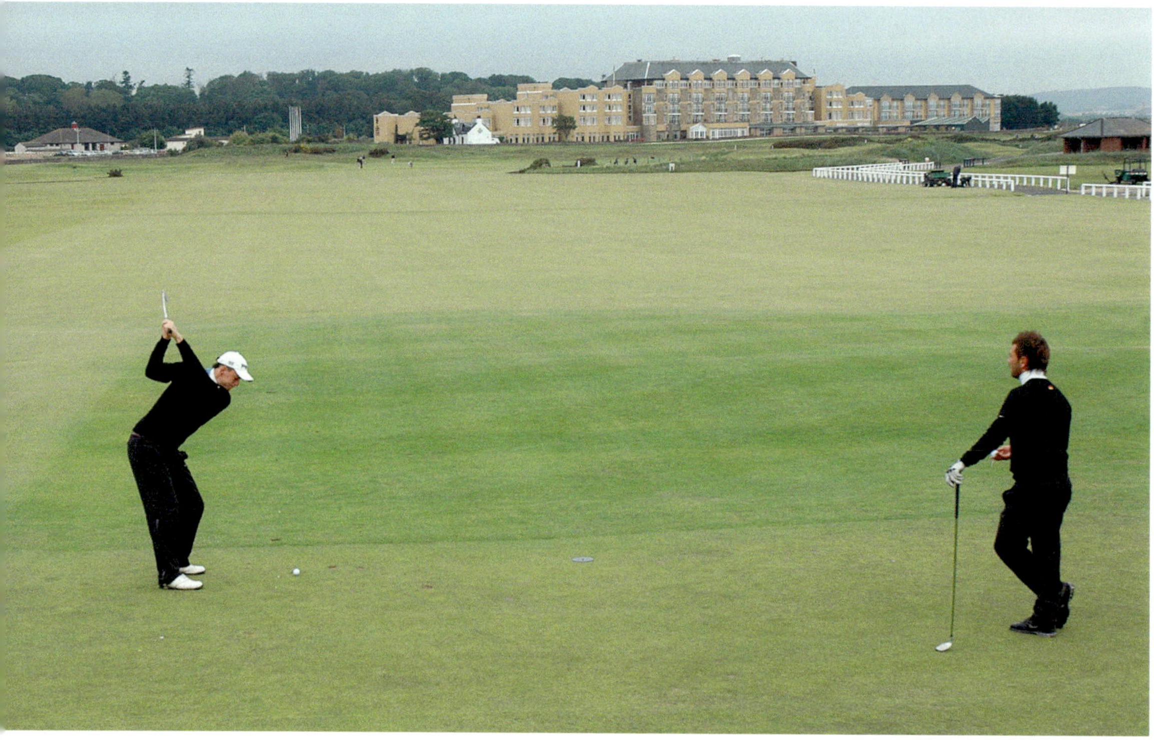

Der Golfplatz mit der fraglos größten Tradition: St. Andrews/Schottland, Abschlag am Tee 1. Im Hintergrund das Hotel an der 17. Spielbahn, das die guten Golfer mit ihrem Abschlag überspielen.

Danksagung

Großen Dank schulden die Autoren dem Golfclub Wörthsee e.V. (südwestlich von München gelegen).
Durch den stets hervorragenden Pflegezustand des Platzes bekamen alle unsere Abbildungen die gewünschte Qualität.

Auch dem Greenkeeping-Team unter der Leitung von Hans Ruhdorfer sei Dank gesagt. Es hat uns erstklassig in logistischer Hinsicht unterstützt.

Impressum

GRÄFE UND UNZER

Ein Unternehmen der
GANSKE VERLAGSGRUPPE

BLV

Bildnachweis:
Alle Fotos von Ulli Seer, außer:
Kölbing 5, 11, 78, 126

Umschlagkonzeption und -gestaltung:
BLV-Verlag
Umschlagabbildungen:
Vorderseite: 123rf_com/Michal Sanca
Rückseite: Ulli Seer
Lektorat: Stella Rahn
Herstellung: Ruth Bost
Layout/DTP: Satz + Layout Fruth GmbH, München
Druck und Bindung: Livonia Print, Lettland

ISBN 978-3-96747-111-3
3. Auflage 2023
der Neuausgabe des Titels „Golf Schwunggedanken. Der schnelle Weg zum Erfolg“,
ISBN 978-3-8354-1689-5

Hinweis
Das vorliegende Buch wurde sorgfältig erarbeitet. Dennoch erfolgen alle Angaben ohne Gewähr. Weder Autoren noch Verlag können für eventuelle Nachteile oder Schäden, die aus den im Buch vorgestellten Informationen resultieren, eine Haftung übernehmen.